雷锋的故事

《雷锋的故事》编写组 编著

CNS PUBLISHING & MEDIA | 湖南人民出版社 · 长沙

图书在版编目（CIP）数据

雷锋的故事 /《雷锋的故事》编写组编著. —长沙：湖南人民出版社，2022.8（2023.8）
ISBN 978-7-5561-3014-6

Ⅰ. ①雷… Ⅱ. ①雷… Ⅲ. ①雷锋（1940—1962）—生平事迹—青少年读物 Ⅳ. ①K825.2-49

中国版本图书馆CIP数据核字（2022）第128676号

雷锋的故事
LEI FENG DE GUSHI

编 著 者：《雷锋的故事》编写组
特约撰稿：陌 岸
出版统筹：陈 实
产品经理：古湘渝
责任编辑：陈 实 傅钦伟
责任校对：欧家作
封面设计：陶迎紫
版式设计：谢俊平

出版发行：湖南人民出版社［http://www.hnppp.com］
地 址：长沙市营盘东路3号 邮 编：410005 电 话：0731-82683313

印 刷：长沙市雅高彩印有限公司
版 次：2022年8月第1版 印 次：2023年8月第10次印刷
开 本：960 mm × 640 mm 1/16 印 张：11
字 数：100千字
书 号：ISBN 978-7-5561-3014-6
定 价：29.80元

营销电话：0731-82683348（如发现印装质量问题请与出版社调换）

目录

壹 艰难成长

我响应党的号召，去当新式农民——做个好农民，驾起拖拉机耕耘祖国大地，将来要做个好工人建设祖国，将来要做个好战士，拿起枪用生命和鲜血保卫祖国，做人类英雄。

贰

积极工作

如果你是一滴水，你是否滋润了一寸土地？如果你是一线阳光，你是否照亮了一分黑暗？如果你是一颗粮食，你是否哺育了有用的生命？

叁

入伍入党

对待同志要像春天般的温暖，对待工作要像夏天一样的火热，对待个人主义要像秋风扫落叶一样，对待敌人要像严冬一样残酷无情。

肆

精神不朽

我愿做高山岩石之松，不做湖岸河旁之柳。我愿在暴风雨中艰苦的斗争中锻炼自己，不愿在平平静静的日子里度过自己的一生。

壹

艰难成长

01

苦难童年

湖南省望城县安庆乡有个叫简家塘的小山村，这里是雷锋的故乡。1940年12月18日，雷锋出生在简家塘一个贫苦农民的家庭里，大名叫“雷正兴”，乳名叫“庚伢子”。雷锋家里一共六口人，但他不满七岁时，就成了孤儿。

那时正值抗日战争时期，日本军队烧杀抢掠、无恶不作，百姓生活在水深火热之中。仅仅几年时间，雷锋的爷爷、爸爸、哥哥和弟弟都先后离世。在他刚满六岁时，家里就只剩下他和妈妈两个人了。母子二人相依为命，艰难地活着。

雷锋的妈妈张元满是个坚强的女人，在苦水里泡大的她，历尽生活的磨难却刚强不屈，乡亲们都叫她“雷一嫂”。她本是铁匠的女儿，但因为家里贫困，刚出生没几天，父母就将她送到长沙一家育婴堂。

结婚以后，张元满开始操持一大家人的生活。为了补贴家用，她整日奔波劳累，做过女工，刺过湘绣，卖过草鞋，带着孩子外出乞讨过，也到地主家当过用人，年复一年地辛苦劳作。生活的困苦没能压倒她，家人的离世没能击垮她，她决心抚养雷锋长大成人，为家人报仇。

1947 年夏，为了养活仅剩的一个孩子，张元满去地主唐四滚子家做女工。她在地主家洗衣做饭、打扫房间、带孩子等，每天任劳任怨，什么脏活累活都做，但是却受尽了欺辱也填不饱自己和儿子的肚子。

那年八月中旬，有钱人家都准备了月饼和好肉好菜，而雷锋家却连口稀饭都喝不上。昏暗的月光下，村里唱起了皮影戏。雷锋知道妈妈不开心，就跑回家找妈妈一起去看戏。他推开门就看见妈妈坐在床上，满脸泪痕。他一把抱住妈妈："妈妈，你怎么哭了？走，我们去看戏吧。"

张元满抱住小雷锋，泪水滴在他的脸上："孩子，你还这么小，妈妈放心不下你啊！"

小雷锋不懂妈妈的意思，他看着妈妈的脸心疼地说："妈妈，你别哭，我会听话的，我会一直陪着你。"

张元满打了盆水，帮小雷锋把小脸小手都洗得干干净净，然后把他拉到身边，严肃地问道："孩子，你知道我们的家人都是怎么死的吗？你的爷爷、爸爸、哥哥还有弟弟……"

雷锋看着妈妈，回忆起了那些悲惨的往事。

雷锋的爷爷雷新庭，多年来靠租种地主唐四滚子的田地为生。雷新庭长年累月辛苦劳动，大部分粮却要缴给地主，剩下的粮食勉强维持一家人的生活。遇到收成不好的时候，连租都交不上。最后，在高地租、高利贷以及苛捐杂税的压榨之下，他得了重病。在雷锋3岁那年冬天，在有钱人家敲锣打鼓、杀猪宰羊准备过年的时候，地主唐四滚子闯到雷家，逼着雷新庭一定要在年关前还清租债，否则就不许他再种田。家里已经揭不开锅了，哪里还得起那高额的租债？爷爷悲愤交加，病情加重，就这样在年关时节含恨去世。

爸爸雷明亮，从小和爷爷一起在田里劳动，因长期受地主恶霸的压迫，恨透了这些人。他曾参加过毛主席领导的湖南农民运动，当过农民协会的自卫队队长。后来大革命失败，他去当了店铺的伙计。长沙“文夕大火”后，雷明亮被抓去江边运货，被反动军警打得头破血流。回到家乡后，他带病又租种了地主唐四滚子家的田地，再打点零工，这样勉强度日。1944年，日军侵占长沙一带，逼迫雷明亮去做挑夫。他不愿意，结果遭到日本兵毒打，伤势加重，因无钱医治，于当年冬天去世。

爸爸去世后，家庭的重担就落到哥哥雷正德肩上。雷正德很懂事，主动要求出去做事养家。张元满于心不忍，但是为了不让儿子们饿死，也没有别的办法。经人介绍，雷正德离家 200 多公里，去津市一家工厂当童工。那里工作环境非常恶劣，干活时间长、强度大，加上经常饿肚子，小小年纪的他经不起繁重的劳动，得了肺结核。但是资本家根本不把工人当人看，可怜的雷正德一边不停咳嗽着，一边佝偻着身子一天劳动十几个小时，却还是遭到资本家辱骂。

有一天，疲惫不堪的雷正德突然昏倒在机器旁边，胳膊和手指都卷进了机器里，被轧得鲜血直流。资本家不但没有赔钱，还把他赶出了工厂。小小的雷正德只能忍着伤痛，一路乞讨，走了七天七夜才回到家里。看到一身伤痕的雷正德，妈妈心中又急又愁，家里根本拿不出一分钱给他治病。后来，雷正德带着伤又到长沙河西溁湾镇一家印染坊当童工。由于劳累过度，病情加重，他也离开了人世。

妈妈拉扯着两个小儿子，生活的困难可想而知，随后小弟弟连饿带病，也死在妈妈的怀里。

雷锋回忆起过去艰难的日子，心中充满仇恨的怒火。他哭着点点头说：“妈妈，我们一定会为他们报仇！”

妈妈抹干眼泪，又帮雷锋擦擦泪水，然后把她的外衣脱下来给雷锋穿上，哽咽着说：“好儿子，愿老天保佑你能够长大成人，以后妈妈就不能再陪你了……”雷锋疑惑地看着妈妈，不明白妈妈是什么意思。

晚上，妈妈找借口把雷锋托付给隔壁本家六叔祖母照看。第二天一早，雷锋回到家，一推门就看到已经悬梁自尽的妈妈，他先是愣住了，然后大哭起来，跑过去紧紧抱住妈妈的腿：“妈妈！妈妈……”可是，任凭他把嗓子喊哑了，眼泪流干了，妈妈再也听不到了。

就这样，不满七岁的雷锋成了孤儿，是残酷的旧社会逼得他家破人亡。他幼小的心里，从此播下了痛恨旧社会、痛恨阶级压迫的种子，他要记住亲人都是怎么死的，将来要为他们报仇。

雷锋成为孤儿以后，好心的六叔祖母看他可怜就收养了他。可是六叔祖母家的日子也不好过，现在再加上雷锋，就变得更加艰难。

六叔祖父除了种田，还以唱戏为生，有一手唱皮影戏的绝活。农闲时节，雷锋就跟着六叔祖父走村串巷表演皮影戏，赚点零钱补贴家用。就这样，雷锋也学会了演唱皮影戏的本事。雷锋非常懂事，除了表演皮影戏外，还常帮六叔祖父放牛、砍柴，做很多力所能及的事情。

六叔祖父风湿加重，不能外出唱戏后，家里过得更加紧巴了，常常吃了上顿没下顿。雷锋为减轻家庭负担就离家讨饭，过着流浪的生活。由于被蚊虫叮咬，他的后背竟长出了“背花疮”。忍受不了疮痛的折磨，雷锋回到了六叔祖母家。六叔祖母看到雷锋后背上流着血、长着脓的红疙瘩，心疼得直掉眼泪：“庚伢子真是太懂事了，小小年纪的，太不容易了。”她守住雷锋不让他再出去讨饭。可是家里穷，看不起病，六叔祖母就自己上山采草药，按民间的偏方熬成水，给雷锋内服外洗。终于，在六叔祖母的照顾下，雷锋的“背花疮”痊愈了。

为了帮六叔祖母补贴家用，雷锋经常上蛇形山砍柴。

但是那座山被地主“徐满料子”霸占了，不许穷人上山。有一次，雷锋上山砍柴被“徐满料子”的老婆撞见了，地主婆怒火中烧，指着雷锋的鼻子大骂，一边骂一边抓住雷锋的手抢走了砍柴刀和篼箕。雷锋哭喊着想要回砍柴刀，那地主婆竟然在雷锋的左手手背上狠狠砍了三刀。雷锋忍着剧痛撞向地主婆，抢回了砍柴刀。鲜血，顺着他的手指滴在崎岖的山路上。

从此，雷锋的左手手背上永久地留下了三道醒目的疤痕，而这也是他悲惨童年的见证，时刻提醒他要牢记旧社会带给他的苦难，同时也激励着雷锋勇敢向前，为获得平等和光明而奋斗。

02

翻身做主人

生活的磨难，使得雷锋过早地体会了世间的人情冷暖。在雷锋的成长历程中，他遇到的一个个共产党员，对他成长成才产生了至关重要的作用。从他们身上，雷锋学到了共产党人的优秀品质，这引领着雷锋一步步走向党，并使他最终也成为一名出色的共产党员。

地下党员彭德茂，是雷锋父亲的生前好友，他见证了雷锋的苦难童年，也是雷锋成长道路上的第一位引路人。

彭德茂对雷家一直热心相助，雷锋成了

孤儿以后，彭德茂对他更是关怀备至，经常接济雷锋，给他送吃的、送衣服。雷锋和彭德茂一直十分亲近，有什么事情都喜欢找他。彭德茂对雷锋也像自己亲儿子一样，耐心地教育和培养他。

彭大叔得知雷锋上山砍柴被地主婆砍伤手背后，非常气愤地说："现在都什么时候了，她还这么嚣张，等解放军来了，他们的好日子就到头了！"

雷锋兴奋地问："真的吗？解放军现在在哪里？他们什么时候来？"

彭德茂说："快了，听说解放军已经打过了长江，很快就可以解放全中国！"

从那天起，雷锋就一直盼着解放军能来到他们的家乡，解救这里的穷苦白姓。

彭德茂秘密加入了中国共产党，在长宁公路拉黄包车，以此作掩护，并按照地下党组织的部署，积极开展革命斗争。长沙解放前夕，雷锋和他的小伙伴石天柱，在彭德茂等地下党员的带领下，也加入了革命队伍。他们以讨饭为掩护，在溁湾镇一带贴标语、发传单，号召当地群众站起来推翻黑暗统治，解放家乡。

1949 年 8 月，中国人民解放军以秋风扫落叶之势，直下湖南，击败了国民党守军，长沙和平解放。

“解放军来了，解放军来了！”雷锋和乡亲们一起敲锣打鼓热烈欢迎解放军。到了傍晚，有一支队伍要在这里宿营，雷锋马上开始跑前跑后帮忙。在彭德茂的影响下，他把解放军当成自己的亲人、人民的救星。

解放军战士一住下来就开始帮乡亲们干活，对老乡们嘘寒问暖，买东西都按价付钱，从来不拿群众的一针一线。雷锋看到了，打心眼里佩服这些解放军，他知道，没有解放军就没有老百姓的好日子。从那时起，雷锋就从心底里萌生了想要参加解放军的想法。

他每天围着解放军转，为解放军叔叔忙前忙后、打扫院子、整理房间，还认识了比他大几岁的小战士。雷锋看到小战士手里拿着手枪，好神气的样子，非常羡慕，就跟小战士说：“要是我也能别上手枪该多好啊！我也想当解放军，你能不能跟你们连长说说，带我一起参军呗？”

小战士笑着说：“你还没步枪高呢，还是等你长大了再参军吧。”

雷锋不服气，在部队马上就要离开的时候，雷锋鼓起勇气找到了部队连长，表达了他想要当兵的决心：“连长叔叔，我也想当兵，您带我一起走吧！”

连长看着这个“小鬼”，问他：“带你走？你为什么要当兵啊？”

雷锋说：“我要打敌人，为家人报仇！”

连长问：“你姓雷吧？”雷锋点点头。

彭德茂向连长讲过雷锋的悲惨家史，连长非常同情他。但因为雷锋年龄太小了，连长没有同意他当兵，不过建议他先参加儿童团，进行剿匪反霸的斗争。此外，连长还送了他一支钢笔，鼓励他要努力学习文化，只有好好学习，才能更好地保家卫国。

雷锋恋恋不舍地看着解放军队伍离去，他记住了连长的话，暗暗下决心：一定要好好学习，将来参加人民解放军，做一个对国家对党对人民有用的人。

长沙解放后不久，安庆乡成立了农民协会，农民协会号召儿童组织儿童团。雷锋听了连长的话，第一个报名参加儿童团。从此，小雷锋扛上了红缨枪。村里很多小伙伴在雷锋的带领下参加了儿童团。雷锋每天带领小伙伴们早出晚归，站岗、放哨、巡逻，防止敌人搞破坏。雷锋还学会了说快板、搞宣传，他感觉浑身上下好像有使不完的劲，再忙都不觉得累。

儿童团当时有一个重要的任务，就是监视地主、恶霸和特务的行动。那时，军统特务、土匪和地主都不甘心，他们勾结在一起，密谋成立假农会，想要杀害民兵队长，夺取枪支和梭镖，煽动反革命武装暴乱。不过，他们的阴谋被雷锋听到了，雷锋马上向彭德茂报告情况。结果，不但敌人的阴谋没有得逞，密谋的反革命分子都被抓获了。

雷锋心里感慨万千：要是父母兄弟能看到眼前的一

幕该多好，他们可都是被这些万恶的地主资本家给害死的啊！雷锋从小眼看着家人一个个离去，他做梦都没想到会有这么一天，他能够亲眼看到这些地主资本家被打倒。

后来，雷锋又和小伙伴们押着恶霸地主游街，看到“唐四滚子”和“徐满料子”被捆绑游街，不禁想起自己小时候被地主欺负的场景，想起父母兄弟的悲惨遭遇，他用被砍伤的手指着害死他家人的地主，振臂高呼：“打倒地主！”

“打倒地主恶霸！”

“共产党万岁！”

在那些受尽地主压榨的贫苦农民的喊打声中，“唐四滚子”“徐满料子”终于受到了应有的惩罚。雷锋亲眼看到政府为他的家人和无数穷人报了仇、雪了恨!

之前被地主们欺负的贫农佃户们，如今扬眉吐气了。按照政策，雷锋分到了田土房舍等。一个孤儿有了自己的田地和房产，比起劳累了一辈子都只能勉强糊口的爷爷和父亲，雷锋无疑是幸福的。

他知道，是共产党拯救了全中国，改变了贫苦人民的命运。从此，小雷锋更加坚信中国共产党的领导，更加坚定自己要参加解放军的梦想。

至此，雷锋那悲惨的童年画上了句号，美好的明天即将开始。

03

免费上学

1950 年夏天，安庆乡政府决定送雷锋去读书，并免除他的学费。开学第一天，乡长彭德茂亲自送雷锋到学校报名。彭大叔对雷锋说："庚伢子呀，在旧社会，穷人家的孩子饭都吃不饱，是不可能进学堂的。现在，新中国成立了，你有机会上学，可要发奋读书，学好知识，将来为我们党、为我们伟大祖国的建设出力哦。"雷锋使劲地点头。

雷锋用他的学名"雷正兴"在学校报了到，当新书和笔记本发到手中以后，他热泪盈眶：自己前不久还在到处乞讨、挨地主欺负，今天却穿上了新衣服，背上了新书包，走进了新学堂，变成了新学生。

他看到好多同学都去交学费，也把兜里的钱拿出来交给老师，老师亲切地说："你是孤儿，学校不收你的学费，你可以免费读书。你现在成为一名小学生了，希望你能把握好机会，好好学习，多掌握知识，将来做个有用的人哦！"雷锋感激地点点头。

雷锋翻开新书的第一页，也是翻开了自己人生新的一页。雷锋认真端详着第一页毛主席的画像，他心想：没有共产党、没有毛主席，就没有我们现在的新生活。他默默下定决心：一定要好好学习，将来保家卫国。

那时候刚解放，学校并不多，雷锋的学校距离六叔祖父家有十来里的山路。但是不论是炎热多雨的夏季，还是严寒刺骨的冬季，雷锋每天都是早出晚归，从不迟到早退。因为六叔祖父家比较贫困，雷锋不愿意让六叔祖母给他买鞋，他就自己编草鞋穿，小脚常常被冻得通红。雷锋上学时带的午饭常常没有菜，但他却吃得津津有味，有家境好一些的同学要跟他分享午饭，他都婉言拒绝了。不管再苦再难，雷锋从来没有抱怨过一个字，他太珍惜这来之不易的学习机会了。

学校生活给雷锋带来了无限欢乐，一想到有学上了，他脸上整天堆着笑，心里乐滋滋的。从此以后，他不让任何人说他是孤儿，他说党和国家就是他的父母。

每天一大早，雷锋来到学校里就开始打扫教室，把桌椅、黑板都擦得干干净净，然后就坐下来读书、写字。雷锋特别爱学习，每一门课他都认真听讲。从认字开始，他就跟着老师一笔一画地写，一字一句地念，每天严格按照老师的要求按时完成作业，一丝不苟。课外，他也抓紧一切可以利用的时间学习，不管是在田间地头，还是在砍柴烧水，他都不忘带着课本，有点时间就读上几页。因为雷锋的认真刻苦，他的成绩一直非常优异，老师给予他很高的评价。

在彭德茂的安排下，雷锋又先后转到上车庙小学和向家冲小学，但这两所学校也先后都拆除了。

雷锋无学可上了，他就一边干活一边温习学过的功课。连长送给他的钢笔他一直带在身边，他时刻记着连长说过的话。雷锋刚学会写字时，就用那支钢笔在书上写下了“共产党万岁”五个大字。

十四岁时，雷锋听说长沙城郊有一所清水塘完全小学，他就拿着自己的成绩单去请求学校老师，希望能让他上学，后来通过考试被录取。这所学校离家更远，有十几里山路。但是雷锋还是很高兴，只要有学上，自己吃多少苦都不怕。他风雨无阻，从不迟到，放学后还赶回去帮六叔祖母做一些力所能及的事。一位老师曾经这样评价他：“小雷锋为了能读书，不知道跑了多少路、吃了多少苦，一般的孩子都很难坚持，他是我见过最爱学习最有毅力的孩子。”在学校认真学习之余，雷锋还积极参加各种文体活动。他不仅成绩名列前茅、有艺术天分，还尊重师长、热爱劳动、乐于助人，老师和同学们都很喜欢他。

雷锋从小就爱默默地做好事，从不邀功。学校的总务主任年龄大了，身体不太好，他就在办公室备了一个痰盂。每逢大扫除，雷锋都会偷偷地帮主任擦桌子、洗茶杯、洗刷痰盂……

在日复一日的踏实奋进中，雷锋收获了沉甸甸的知识；在真挚朴实的善意和奉献里，雷锋赢得了老师和同学的喜爱。正是在这闪闪发光的日子里，雷锋茁壮成长。

04

草鞋情深

新中国成立前后，洞庭湖区域水患频发，一到暴雨季节，就会泛滥成灾。1954 年，湖南进行洞庭湖堤垸修复工程，打算将这个心头大患解决掉。

但是，当时省里的财力非常有限，省政府就号召全省人民有钱的出钱、有力的出力，支援洞庭湖地区的水利建设。全省上下马上响应政府号召，积极行动起来，有捐钱的，有送米送柴的，有主动要求支援建设的，掀起了全民支援整修洞庭湖堤垸的热潮。

这时的雷锋还是个小学生，他想，自己

是个孤儿，没有钱，也拿不出什么东西来，这既没钱又没力的，怎么支援建设呢？但是，自己不能干坐着啥也不干。

一天，雷锋听到消息：为了赶在汛期到来之前修好洞庭湖堤垸，许多民工因草鞋供应不足，就常常光着脚在工地上劳动。这时的雷锋一拍脑门，有了！我不是会编草鞋吗？我可以给民工们编草鞋啊！

从那天起，除了上学，其余时间，雷锋就坐在家里专心编草鞋。但是，当他把自己辛苦编好的一些草鞋送到乡政府时，陈秘书哭笑不得：“伢子呀，你这草鞋也太小了啊，你以为民工叔伯们的脚都跟你的一样小吗？而且，这鞋也太松了，穿上根本无法工作。”

雷锋觉得很不好意思，就立马回家重新想办法，他特意找了一位很会编草鞋的大爷学习技巧。大爷得知雷锋编草鞋的目的后，一个劲地夸他懂事，小小年纪就知道为国家出力。

老人耐心地教雷锋编草鞋，雷锋学得也十分认真，就这样，他编草鞋的技术越来越好，编出来的鞋又好看又结实。不久，经过雷锋起早贪黑的努力，一大堆宽大结实的草鞋被雷锋送到乡政府办公室。这次陈秘书惊奇地说：“哇，你太厉害了吧，这才没几天时间，你就编了这么多又好又结实的草鞋，民工们再也不用光脚干活了，辛苦你了伢子！”

雷锋听了这话心里美滋滋的，他终于为洞庭湖堤垸修复工程贡献了自己的一份力量。他开心地说：“不辛苦不辛苦，那些民工叔伯们比我辛苦多了，只要能帮上他们就好。”

陈秘书看着乐开花的小雷锋，夸赞他说：“当然帮得上了，你知道吗？你编织的这些不仅仅是草鞋，是对民工们的深情厚谊，更是对祖国发展建设的大力支持啊！好伢子，你将来一定会大有出息！咱们国家有了你们这些懂事爱国的好青年，未来真是大有希望啊！”

05

小小教书先生

1955年，乡里组织开展“扫盲”识字运动，准备开办夜校，把那些从来没有上过学的村民组织起来，教他们识字。村民的积极性都很高，但是，问题来了：开设夜校识字班需要配备一定数量的老师，但村里上过学的并不多，一时找不到那么多合适的老师，这可怎么办呢？

雷锋知道这个情况后，就想自告奋勇去当夜校的语文老师。但是，他一个人报名还远远不够，他就去发动同学们一起去教村民识字。

他找到他的同学：“我们晚上去夜校教大家识字好不好？”

同学们都愣住了：“你说……我们？教书？……能行吗？”大家都没有信心，他们只是十来岁的孩子，让他们去教大人，万一教不好多丢人啊！而且，那些大人能听他们这帮孩子的吗？

雷锋胸有成竹地说：“我们都念六年级了，教乡亲们识字这事我们能做，而且他们这么需要老师。我们白天上学，晚上就去教大家识字。”就这样，在雷锋的动员下，大家都愿意当“小老师”了，解决了一个大难题。

夜校就这样红红火火地办起来了。但是，仍然还有一部分不识字的村民没有来夜校学习，他们要么是不好意思，要么是没有认识到学习的重要性，这可把雷锋给急坏了。雷锋带领同学们挨家挨户地去动员，希望大家都能利用这个机会来学习。就这样，在“小先生”们的努力下，来上课的村民越来越多了。

“毛主席万岁”，这是雷锋在第一节课上教村民们写的五个字，这也是他在入学第一课上学会的字。新中国成立之后，贫苦农民翻身做了主人，广大农民的日子越来越好，大家都很感激毛主席，所以，“毛主席万岁”这句话无疑直接说到了众人的心坎里。雷锋一笔一画耐心地教大家，一节课下来，这些从没进过学校、大字不识一个的村民，都学会了写“毛主席万岁”，这让彭德茂大为吃惊，觉得雷锋教书还挺有一套的。

夜校没有固定的教材，这些村民又完全不识字，讲得没意思他们就不愿意学。所以，教什么，怎么教，这成了另一个难题。

雷锋和他的同伴们左思右想，为了让大家更感兴趣、更愿意学，他们就把大家生活中常用的字词等编成了一些顺口溜，这样就可以学得更快一些，比如“白菜萝卜、扁豆黄瓜”“李一婶插秧，一天两亩”“钟二叔打谷子，一担两百斤”等。总之，“小先生”们会想各种办法来教大家识字。

就这样，慢慢地，村里的人都开始识字写字了，有的人还学会了打算盘算账。乡亲们都夸雷锋这个“小先生”教得好，了不起。雷锋听到后谦虚地说：“这都是乡亲们自己愿意好好学习，哪里就是我的功劳了？不敢当不敢当。”

那一年，雷锋所在乡的夜校在全县评比中名列第一，雷锋还被评为“模范群教”。自己小学还没毕业，就得到了“模范群教”的殊荣，雷锋开心极了，以后教起学来更有劲。他打心底里觉得，能够帮助大家学习知识，是一件非常有意义且有成就感的事情。

06

红领巾胸前飘

1954年秋，雷锋光荣地加入了少先队。那时，清水塘完全小学刚刚建立少先队组织，由于雷锋学习用功，各门功课成绩都很优异，他成为全校第一批少年先锋队员。

那一天，雷锋此生难忘。在鲜红的队旗下，辅导员为他佩戴上崭新的红领巾，他庄严地举手宣誓，誓言久久回荡在他心头。从此，他每天上学都戴着鲜艳的红领巾，放学回到家就把红领巾整整齐齐叠好放在书包里，决不让它沾染一点脏东西：“我一定要对得起这抹鲜红，要用自己的实际行动把红领巾染得更红！”

雷锋经常说：“我们的红领巾、绣着火炬的红队旗，都是非常神圣的，它们都是革命先烈们用鲜血染红的，所以我们一定要格外爱护它们。”一次，雷锋举着队旗，和其他少先队员一起外出过队日。谁知半路开始下雨，他马上脱下自己的衣服包住队旗，把它抱在怀里，自己却被大雨淋透了。

加入少先队后，雷锋更加严格要求自己。他积极协助少先队开展工作，热情参加宣传和文体活动；严格遵守队规和纪律，无论什么任务，他都能想办法很好地完成，多次受到组织上的表扬和奖励，还被选为中队委员。

1955 年，雷锋转到离家比较近的荷叶坝完全小学读书。那时，这所学校还没有建立少先队，他一跨进学校大门，胸前鲜艳的红领巾就把同学们吸引住了，大家纷纷围着他，问他各种关于红领巾的问题。

“什么是少先队？少先队员为什么要戴红领巾？”

“什么样的学生才能参加少先队组织啊？”

雷锋意识到自己是这所学校唯一的少先队员，就开始积极组建少先队，同时处处以身作则，为其他少先队员做个榜样。

六一儿童节，少先队决定过一个有意义的节日，他们选择去三十多里外的湖南烈士公园。由于路途较远，扛鼓的人会很累，雷锋却主动承担了这项艰巨的任务。刚走出七八里路，雷锋就已经汗流浃背了。辅导员让另一名同学来替换他，雷锋却笑笑说："不用换，我可以的！"说着就像要证明一样，挺起胸。

中途休息的时候，辅导员又派另一名同学来换他，他又坚定地说："这项任务我既然已经认领了，就应该由我来完成，决不能半途而废！"于是，他又扛起大鼓，铆足了劲继续向前行进。

扛着好几斤重的大鼓走三十多里路，这对于身材矮小的雷锋来说，可真不是一件轻松的事。他顶着炎炎烈日，越走越吃力，但是坚毅的雷锋认为：既然有任务有目标，就要朝着既定目标，勇往直前，坚持到底！凭借这样的信念，他圆满完成任务，和队伍一起来到了烈士公园。他卸下大鼓，解开湿透的衣衫，任凭小风吹着，心里不知道有多痛快，一股小小的成就感油然而生。

雷锋是一个积极上进、全面发展的孩子，除了学习用功，他在很多方面都很积极。

学校团支部成立青年学习小组，雷锋积极报名参加，但因为年龄太小，团支部没有接收他入团。他也没有气馁，还表示一定要好好学习，争取早日加入共青团。

学校掀起学说普通话的热潮，雷锋也是第一个报名，在他的带动下，很多同学踊跃参加。

雷锋是学校的文艺骨干。因为小时候跟六叔祖父学过唱皮影戏，有些艺术功底，所以学校的演出，他能参加的基本都参加了。而且雷锋表现力十分强，能带动观众的情绪，常常获得热烈掌声。

一次，学校里要排演哑剧《小渔夫》，其中一个角色——渔夫的女儿无人敢演，雷锋就自告奋勇，男扮女装表演渔夫的女儿。当剧情演到渔夫和女儿被日本兵抓捕时，雷锋想到了自己家人的悲惨遭遇，触景生情，表演生动饱满，赢得了观众的阵阵掌声和一致好评。

1956 年 7 月，雷锋终于要小学毕业了。离校之前，同学们聊起了今后的打算，大部分同学都表示要继续读书，这样就能学习更多知识，成为更有用的人。但是雷锋的回答跟大家不一样，他毅然决定留在农村，为建设社会主义新农村贡献自己微薄的力量。

他在毕业典礼上发言说：“感谢党、毛主席和老师……我响应党的号召，去当新式农民——做个好农民，驾起拖拉机耕耘祖国大地，将来要做个好工人建设祖国，将来要做个好战士，拿起枪用生命和鲜血保卫祖国，做人类英雄。”

那年，雷锋的很多同学考上了望城县一中，而他选择回到自己的家乡，从此告别了自己的学生时代，正式开启了他的工作生涯。

贰

积极工作

雷锋的故事

07

『螺丝钉精神』的启蒙人

1956 年，国家的政策是“以农为本”，于是国家号召知识青年到农村去参加社会主义新农村的建设。当时安庆乡的生产队里，要想找出一个能读报纸、能写能算的人都十分困难，所以乡政府也希望能有一批有小学文化的学生来建设新农村。

雷锋决定响应国家号召，小学毕业后，他主动要求当一名知识农民。因为这个决定，他在当地也开始备受瞩目。他对工作一腔热情，做事积极主动，性格也机灵可爱，大家都非常喜欢这个小伙。

由于工作认真负责、一丝不苟，雷锋被彭德茂安排到安庆乡政府当通讯员，每天送信、传话、接待客人、泡茶、打扫卫生等。做好本职工作之余，雷锋还抽空和社员们一起下地干活，晚上又在灯下记工分，只要能做的工作他都抢着做。

雷锋因为表现优秀被推荐到望城县委办公室，成为一名基层公务员。1956 年 11 月，雷锋来到望城县委，担任县委书记张兴玉的通讯员。从此，张兴玉书记的言传身教，引导着雷锋逐步成长。

张书记对雷锋的学习极为关注，他要求雷锋一边工作一边学习文化，在不断提高为人民服务的本领的同时，也要掌握更多知识，工作和学习要做到两不误。张书记还送了雷锋一些书籍，比如《为人民服务》《把一切献给党》等。也就是在这个时候，雷锋第一次接触到了《毛泽东选集》，从此爱不释手。

张书记很喜欢雷锋，总是亲切地称呼他“小雷同志”，这让雷锋感到很温暖。张书记就像雷锋的亲人一样在工作和生活上给予他关心和爱护，一有时间，张书记和县委的同志就会给雷锋讲很多革命故事，鼓励他要珍惜现在的美好生活，认真学习，努力进步。

一次，张书记给雷锋讲到秋收起义中有个党员不幸被捕，但是无论敌人怎样严刑拷打，用尽各种酷刑，他都宁死不屈……“我们共产党人的身躯，是用坚硬的钢铁铸成的，什么力量都不能将我们打倒！”张书记这样对雷锋说道。

雷锋顿时觉得热血沸腾，真诚地说：“我也要做这样的人，向优秀的革命前辈们学习！”

张书记感慨：“我们的革命成果来之不易，你能这么想我们都为你高兴，你一定要更加努力地工作学习，争取尽快入团、入党，做党和国家的好儿子、好战士，更好地为党和人民服务！”雷锋郑重地点点头，记住了张书记的话。

1957 年 2 月 8 日，17 岁的雷锋加入了中国新民主主义青年团。这一天，是雷锋人生的另一个转折点，他没有辜负张书记的教导与期望，踏踏实实、一步一个脚印地走向建设社会主义的光明大道。

有一天，雷锋和张书记一起外出，在路上看到一颗生锈的螺丝钉，他毫不在意地一脚将它踢到了路边。这时，只见张书记默默走过去，捡起那颗螺丝钉，用手帕擦干净后装进了上衣口袋。当时雷锋觉得有些奇怪：张书记捡一颗废旧的螺丝钉干什么呀？

几天后，雷锋要去县机械厂办事，张书记将那颗螺丝钉交给雷锋，对他说：“小雷同志，把它一起送到工厂去吧。咱们国家底子薄，要搞建设就得艰苦奋斗、勤俭节约！你可别小看这颗小小的螺丝钉，虽然它很不起眼，但一个机器缺了它就不能正常运转。积少成多、粒米成箩，你想想，要是全国人民见到螺丝钉都用脚踢，那会踢掉些什么？反之，要是全国人民都用手把它捡起来，你再算算，那会捡来些什么？就像你这个公务员，别看职务不高，我们的工作缺了你也不行。我们每个人都要时时刻刻，自觉地发挥螺丝钉的作用！”

雷锋听后深受启发，这颗小小的螺丝钉，从此在雷锋的心中刻下了深刻的一笔，艰苦朴素、勤俭节约的思想也从此在他身上生了根。

雷锋始终是白天勤奋工作，晚上刻苦学习，所有事情都安排得有条不紊。在张书记的引导和影响下，雷锋在自己平凡的岗位上，一点一滴地发挥着一颗螺丝钉的作用，最终也取得了不少有目共睹的成绩。

县委领导与同志们的良好工作作风，尤其是张兴玉书记的一言一行，像阳光一样照耀着、像雨露一样滋养着雷锋的心灵，使他的思想觉悟一步步提高，形成了全心全意为党和人民服务的思想以及乐于助人、无私奉献的品格。

08 与洪水作战

“甘做革命的一块砖，哪里需要哪里搬。”这是雷锋的名言，也是他对党和人民一片赤诚的真实写照。一个人的力量有限，但他完全把自己个人的力量发挥到了极致。

源自湖南省宁乡县沩山的沩水河，每到夏季雨天，就会泛滥成灾，沿河的人民群众深受其害，尤其是沩水河下游的望城县。于是，1957年，望城县委决定治理沩水河，将沩水改道。

雷锋当年还不满17岁，身高只有1.54米，却强烈要求参加治沩工程。上级不批，他就一直递交申请书，多次申请之后，组织终于批准了他的请求。

瘦小的雷锋，简单收拾了行李，就兴奋地来到工地。这时沩水河畔早已热闹非凡，不少青年都投身到了这项利国利民的工程之中。

“两万大军奋神威，叫沩水河让开道路；一百整天齐苦战，让团山湖变成粮仓。”雷锋来到治沩工程指挥部，首先映入眼帘的就是这副醒目的对联，这让他更加热血沸腾。他一进门，将行李往墙根一丢，便急切地向担任治沩总指挥长的县委副书记赵阳城请战：“赵书记，小雷前来报到了！请问，给我分配什么任务？越艰巨越好，小雷保证完成任务！”

赵书记笑笑，看着一脸热情的雷锋，将他安排在工地指挥部当一名通讯员。赵书记说：“这可是一项十分艰巨的任务，我现在把它交给你，可以吗？”

虽然雷锋很想冲在工程的最前线，但他也知道通讯员的重要性，随即表示：“赵书记请放心，无论什么工作，我都保证完成任务。我就是一颗螺丝钉，把我拧在哪里我就在哪里发挥作用！”

“螺丝钉？这个说法有意思！”赵书记看着眼前的小青年哈哈大笑。

从那以后，雷锋便开始了他与洪水作战的日子。当时的通信条件十分简陋，一条长二十多里的长堤上，驻扎着十一个大队，近两万人。他们只能通过一部老式摇把子电话来联络，费劲不说，电话还经常出问题，所以大部分通知、文件、报纸等都需要通讯员步行去送。然而工地上根本没有一条完整的路，到处都是凹凸不平的土路，这些都使得通讯员的工作很难做。

但是雷锋从来没有抱怨过一个字，不管白天黑夜，不管狂风雨雪，他都是刚刚送完一份文件，又立马出发去送另一份。衣服湿了脏了，身上累了伤了，他也从不吭一声。

雷锋不仅会出色完成通讯员的分内工作，同时，他还会挤出时间去工地上做其他工作，如挖土、挑土、运土、冒雨抢救器材等，为治沩工程贡献了自己最大的力量。

晚上，当大家都拖着疲惫的身体躺到床上沉沉睡去时，雷锋还要拿出他的日记本，在上面记下自己一天的工作和心情，总结经验与不足，鞭策自己继续努力，鼓励自己勇往直前。

雷锋在做通讯员工作的同时，还时刻心系着工程的质量，于是他也承担了验收检查工程的工作。修筑大堤可不是一件小事，所以在质量验收这一关上，雷锋不容自己有丝毫马虎，领导常夸他是一名优秀的“编外质检员”。

寒冬腊月时，因为天气过于严寒，民工们为了求快赶工期，便导致工程质量不过关。雷锋在检查大堤的时候，发现修筑大堤的土很多地方没打紧，一块一块的，便劝民工们返工。但这是一项费时费力的工作，大多数人不愿听他的，还埋怨他多管闲事。但是大堤万一出问题的话，不仅会直接损害公共财产，也会威胁人民群众的生命安危，后果不堪设想。

雷锋十分焦急，于是，他立即向上级领导汇报了情况。领导马上和雷锋一起来工地上仔细检查，发现不少堤段都存在着明显的质量问题。于是这天晚上，在刺骨凛冽的寒风中，五千多名民工连夜将不合标准的部分返工，直到全部达标，彻底消除了安全隐患。

工地的生活既辛苦又无聊，在这样的日子里，雷锋就喜欢唱歌给大家听，用歌声鼓舞士气，调动大家的积极性。哪里有雷锋，哪里就有欢笑，他的歌声让大家干起活来更有干劲、更有激情。

雷锋不但在工作上吃苦耐劳，还非常爱学习，只要稍微有点空闲时间，他就拿起书报，认真阅读。当时工程指挥部办了一份《治沩工地报》，报纸的编辑熊春祜发现雷锋很爱学习，而且还有写日记的习惯，有一定的写作基础，就鼓励他写稿。后来在熊编辑的帮助下，雷锋的不少稿件都被刊登了，写作水平突飞猛进，他非常开心。

不知不觉间，治理沩水河的工程顺利竣工了，全工程保护面积达 20 多万亩，扩大耕地面积一百多万亩，并为治理团山湖、创建农场奠定了基础。

如今的沩水河畔，微风徐徐，流水潺潺，绿树成荫，稻香鱼肥……

09

美好的团山湖时光

“青春啊，永远是美好的！可是真正的青春，只属于这些永远力争上游的人，永远忘我劳动的人，永远谦虚的人。”美丽的团山湖，是雷锋曾经挥洒过汗水、激扬过青春、放飞过梦想的地方。

治理沩水河工程胜利结束后，沩水河畔再也不用担心受灾了，周围的土地就可以利用起来。1958 年春，望城县委决定将团山湖围垦成一个农场，这样往日的荒芜之地就可以变成鱼米之地。永远积极的雷锋，又成为团山湖农场最早的一批职工之一。在这里，雷锋度过了一段快乐且充实的时光。

团山湖农场有一匹大白马和一匹小黄马，是用来拉犁耕种的。农场里很多人都会骑马，雷锋看到后非常羡慕，也想学，但是看马的大叔怕他摔着不让他学。

一天，趁大叔不在，雷锋自己偷偷跨到小黄马的背上，没想到他还没坐稳，小黄马就跳了起来，一下把他甩了下去。看马大叔听说了以后非常生气，就去团支部孙书记那里告雷锋的状。孙大姐立马把雷锋叫过来，在大叔面前批评教育了他一顿，然后问他："你为什么要学骑马啊？昨天摔得疼吗？"

"疼……"雷锋先是有点不好意思，随后又正儿八经地说道，"但是多学一样本事，不就可以多做点事，多贡献一份力量吗？"他振振有词的样子把孙书记都逗乐了，但是看马大叔好像更生气了。

雷锋马上真诚地向看马大叔道歉："对不起，都是我的错，我不该没经过您同意就偷偷骑马，我也知道您是为我好，怕我受伤。我向您赔罪，以后您要是有什么活，都找我来做吧，我会做很多事的。”这一席话让生气的大叔脸色稍稍缓和。

后来，农场买了拖拉机，两匹马就不用拉犁耕种了，很多人都开始练习骑马。雷锋自从上次摔了之后，就再没有骑过马。但是，看到大家骑马的样子，他又蠢蠢欲动。

一天，他当着众人的面，抬起腿一个跨步骑到了小黄马的背上，还跟大家炫耀说：“看我的！哈哈！”他抓紧马鬃，得意地对大家笑，谁知小黄马忽然猛地往前跑，又急转了几个圈，然后突然停下身体直立起来。雷锋被转得晕头转向，手里没抓牢，又被狠狠地甩了出去。大家哄堂大笑，雷锋不服气地说：“哼！你们别笑，我一定会学会骑马的！”

雷锋找到看马大叔，诚心诚意地向他请教：“大叔，我还是很想学骑马，求您教教我吧。”大叔觉得这小伙子好学又实在，就传授了他一些经验。

“马虽然不会说话，但也是有自己的脾气的，只要你对它好，它自然也就对你好了，要有点耐心，和它交朋友。”大叔的一番话启发了雷锋，他立刻明白了：动物也是有感情的，它不喜欢你，自然就不会让你骑。想要让它喜欢你，就要对它付出真感情。

从此以后，他只要有时间，就和小黄马待在一起，牵着它去吃草喝水，为它梳理鬃毛，还经常对着它说话，没过多久，他就和小黄马成了朋友。

一天傍晚，雷锋对小黄马说：“小黄啊，我们现在已经是朋友了，你可不能再甩我了啊！让我骑一下好不好？”说完他摸摸小黄的脑袋，就跨上了马背。这次，小黄马不但没有跳，还优哉游哉地驮着雷锋慢慢走起来。他们像散步一样走在小河边，雷锋高兴极了，不禁在马背上唱起歌来：“蓝蓝的天上白云飘，白云下面马儿跑……”

雷锋学会骑马以后，当起了农场里的小通讯员，负责给大家送信件和传达通知，遛马喂马的活他也抢着干。

团山湖农场工作进入正轨之后，县委就想着要为农场购买一台拖拉机，但是当时县里的建设资金不足，共青团望城县委号召全县的青少年为农场捐款。捐款的号召一下来，大家纷纷响应，多的捐几元，少的捐几角。雷锋得知这个消息后，就把自己省吃俭用攒下的 20 元钱全部捐了出来，这在当时可不是一个小数目，他成为当时全县捐款最多的青年。

张书记问雷锋："你把自己的钱全部捐出去了？不留点自己花吗？万一有需要用钱的地方呢？"

"只要能支持农场建设，为国家出力，我有多少捐多少。国家的需要比我个人的需要重要得多，而且我就自己一个人，没什么急用钱的地方……"听了雷锋的回答，张书记欣慰地点点头，他拍拍雷锋的肩头说："好伢子！国家有了你们这些无私奉献的热血青年，我们的社会主义建设目标指日可待啊！"

有了拖拉机，还需要有人来开呀，这就需要培养拖拉机手，雷锋听到消息积极报名学习驾驶。能够驾驶拖拉机在祖国的沃土上耕耘，这是他梦寐以求的事情啊！

1958 年 2 月，雷锋怀着激动的心情，开始学习拖拉机驾驶。团山湖的万亩荒地正等着开垦，所以，拖拉机手的责任重大。雷锋知道时间不等人，必须以最快的时间让拖拉机开动起来。

每天天一亮，雷锋就来到拖拉机旁，先检查机器是否完好，然后检查油箱油管有无泄漏。他仔细观摩师傅的每个驾驶动作，并将驾驶知识认真记在本子上，回来结合书籍上的理论知识认真领会，一点点做到融会贯通。

功夫不负有心人，1958年3月10日，雷锋试车成功，他兴奋并小心翼翼地发动引擎，伴随着轰隆隆的响声，他开着“铁牛”向农场的方向而去。当晚，他写了一篇题为《我学会开拖拉机了》的文章，把自己的学习心得和成功的喜悦都写在里面。1958年3月16日，《望城报》刊登了这篇文章。就这样，雷锋成了团山湖农场的一名优秀拖拉机手。

在团山湖农场的那些日子里，雷锋和其他拖拉机手驾驶自己心爱的“铁牛”，夜以继日地在万亩荒原上奔驰。一片片荒地在他们的拖拉机驶过之后，变成一片片棋盘似的良田，万亩沉睡的土地在他们的开垦下苏醒过来。当初“荒地变良田”的目标很快就实现了。

南来的燕子

南来的燕子啊！让我来告诉你吧：团山湖这片未开垦的处女地，是由于党的巨大的力量，才围垦成一个新的农场，是他们——农场的工人们，用勤劳的双手，给团山湖换上了新装。

…… ……

南来的燕子啊！你可不用惊呆。不是晴天里响起了春雷，而是拖拉机在隆隆地开；不是沟渠里的水能倒流，而是抽水机在把积水排。为什么草坪上格外喧腾？那是饲养员在牧马放牛！

——《南来的燕子》节选

这首诗歌，是1958年8月1日，雷锋在团山湖农场写下的。他用诗歌的方式记录了这段值得回忆的日子，抒发了自己的激动心情。

在治沩工程及团山湖农场工作期间，雷锋任劳任怨、吃苦耐劳、忘我工作、乐于助人的精神影响了很多人，他用实际行动践行了“螺丝钉”精神，告诉人们即使是一颗不起眼的螺丝钉，也可以为党和国家的事业发光发热，贡献自己的力量。而通过不断的磨炼与学习，雷锋各方面的能力也得到了很大的提升。

在那段激情燃烧的青春岁月里，勤劳质朴的雷锋和大家一起，用自己的智慧和汗水为祖国的事业添砖加瓦，而他的热情、他的青春、他的理想，也随之一起挥洒在祖国辽阔的土地上。

10 北上鞍钢

1958年10月，鞍钢、武钢和湘钢到雷锋所在的望城县招收青年工人，消息很快就传到了团山湖农场。

雷锋听说鞍钢在招工，心情特别激动，他想到鞍山钢铁厂去，成为一名钢铁工人。雷锋找到了鞍钢劳资处的陈秉权同志，他当时负责在湖南省望城县招工，雷锋多次向他申请要到鞍钢去参加祖国的钢铁工业建设。

当时，有人对他说："你在农场工作得好好的，稳定又舒适，没有必要去那么艰苦的地方呀！东北天气冷，你到那边生活会很不习惯，工厂里的活儿还重，你不怕吗？真想做钢铁工就去湘潭钢铁厂吧。”

但雷锋自信地回答说：“冷怕什么啊？东北的工人不怕，我也不怕！人家能干，我就能干！我就要去鞍山钢铁厂！”

陈秉权同志听了他的回答，十分喜欢这个热情而坚毅的小伙子。当陈秉权同志把招工登记表交给雷锋时，雷锋高兴地跳了起来。他在登记表姓名栏写下“雷锋”两个字，而不是“雷正兴”。有人觉得奇怪，他说：“我要把名字改成两个字的，不再用之前的名字，我要和旧社会划清界限。之前我一直纠结是用山峰的峰还是冲锋的锋，现在我确定了，冲锋的锋更有意义，我要去鞍钢打个冲锋。将来，还要参加人民解放军，在更多需要我的地方去冲锋！以后我就叫雷锋了。”

第二天，雷锋便将登记表连同自己的决心书一起交给了陈秉权同志。决心书上写道：“我来鞍钢学习，我愿把我的青春献给祖国……我一定服从组织的调配，到工厂后，一定刻苦学习，克服一切困难，发挥一个共青团员的应有热能……为祖国人民过幸福生活而奋斗到底！”

陈秉权同志看了雷锋的决心书后，感慨万分，他很欣赏这个有志气的青年，心想他将来一定会成为一名优秀的工人。

确定自己成为鞍钢的一员后，雷锋恳切地对陈秉权同志说：“我是个孤儿，没有家，以前我常住在县委，现在组织已经批准我去鞍山了，我是不是可以搬到招工组来住啊？我还可以协助你们做点工作。”陈秉权立即同意了他的要求。

雷锋来到招工组后，热情很高，什么工作都抢着做，每天晚上帮招工组写名册和整理材料，经常忙到深夜十一二点。他还到各个大队现身说法，鼓励动员青年们响应党的号召，到祖国最需要的地方去锻炼。在雷锋的帮助下，鞍钢的招工工作很快就顺利完成了。

在一个阳光明媚的日子，他们这批青年工人一起坐上了火车，离开湖南，向北行进。

第二天上午，列车缓缓驶入了武昌站，他们要在这里换车。在这段空闲的时间，雷锋就和几个朋友一起去看武汉长江大桥。

他们站在大桥上，看着辽阔的江面和脚下雄伟的大桥，不禁想起毛主席的一句诗——“一桥飞架南北，天堑变通途。”雷锋感慨万千：“这桥身、桥梁可都是用钢铁做的啊，多么了不起啊！今后还会有很多这样的大桥要建呢，那就需要更多的钢铁！”

“是啊，将来说不定哪座大桥就是用我们炼出来的钢铁造出来的，那时我们得多自豪啊！”

“对啊，我们一定要努力做一名优秀的钢铁工人，为祖国的伟大建设出一份力！”

大家你一言我一语，兴奋地讨论着，他们都为自己马上要成为一名钢铁工而感到骄傲。

11

推土机就推土机

经过长途跋涉，雷锋来到了鞍山。这是雷锋第一次来到大城市，也是他第一次离开农业战线，来到大型的工业基地，所以他看到什么都感觉新奇不已。

看着眼前一座座高大的厂房，一条条宛如巨龙的管道，一道道错综盘旋的轨道，一列列往来穿梭的车辆，雷锋由衷地感叹：“这里真大啊！太壮观了！”

在雷锋他们的赞叹声中，鞍钢的老工人们敲锣打鼓地前来迎接他们。为了让新来的工人们尽快熟悉环境，领导特意安排他们在各个车间、工地参观。

他们穿过高炉群，来到火热的平炉前。在冶炼车间，雷锋的感触尤为深刻。清脆的出钢钟声响了！一股通红的钢水瀑布般奔腾而下，飞溅起的钢花在雷锋眼前闪烁。看着这壮观的场面，雷锋心潮澎湃、热血沸腾。

在钢水奔流的钢炉旁边，他看到工人师傅个个挥汗如雨，拿着钢钎争分夺秒地工作，心里既佩服又羡慕。

雷锋走到一位工人师傅旁边问道："师傅，要学会炼钢需要多长时间啊？"

"认真学的话，用不了多久的。"师傅笑着说道，"小同志，你想到咱们冶炼车间来吗？"

"我当然想啊！我们不就是来炼钢的吗？"雷锋兴奋地说，"要是能来这里工作就好了。"

"好！好小伙！欢迎你们都来！拿起钢钎，戴上探火镜，就是个钢铁工人了！"

"嗯！师傅，我们一定来！"雷锋想到自己很快就要穿上防热服、手持钢钎，为祖国炼钢，开心地笑起来。

这一批新工人的工种分配很快就下来了。但是，雷锋并没有被分到冶炼车间，而是被分配到了化工总厂洗煤车间。因为组织上考虑到他原来在团山湖农场开过拖拉机，有驾驶技术，便决定让他去洗煤车间学开推土机。

雷锋当时一心想着当钢铁工人，他一想到自己不能站在通红的火炉前炼钢了，心里十分难过。于是他就找到洗煤车间的于主任，表达了自己的心意：“主任，我来鞍钢是想当一名炼钢工人的，怎么给我分到洗煤车间去开推土机了啊？”

于主任很理解雷锋的心情，兴冲冲地跑来鞍钢，凭着一股热情，一心想当炼钢工人，却被泼了冷水。于主任没有生气，反而亲切地拍拍雷锋的肩膀，耐心给他解释说：“小雷同志啊，炼钢呢，是个很复杂的过程，光靠几座平炉可不行，还需要矿石、铁水、焦炭、煤气等，缺少哪一样都不行。其实，这开推土机的工作也是炼钢工作中很重要的一部分呀！”

雷锋有点不太明白，于主任继续说道：“不是拿着钢钎站在火炉旁才叫炼钢工人，就拿我们洗煤车间来说吧，如果不把大量的煤炼成焦火，那些高炉怎么能炼出铁来呢？如果不把炼焦时生产出来的煤气输送到炼钢厂，他们怎么能炼出钢来呢？这种大工业生产就像一架庞大的机器，每一个工种都是这大机器上的螺丝钉，缺了哪一个都不行……”

螺丝钉？对啊，我怎么把天天挂嘴上的“螺丝钉”给忘了呢？以前张书记是怎么教导自己的？不是说好了要做一颗螺丝钉，哪里需要拧哪里吗？雷锋瞬间明白了自己的问题，他向于主任致歉并欣然地接受了推土机手的工作。

从那天起，雷锋就开始心无旁骛地跟着李长义师傅学习开推土机的技术，从此李长义成为他的师父。每天早晨，他都早早来到车间，上班之前先把工具准备好，检查推土机油、水、零件等，然后清扫设备，严阵以待。下班后，他留下来把推土机打扫干净，检查油、水等，收拾工具。别人都走了，他还忙着捡废铁。他身上好像有使不完的劲儿，眼里有干不完的活，大家都很喜欢他。

雷锋当时所在的班组工作环境很艰苦，露天作业，尘土飞扬，完全没有遮挡。冬天，休息时间待在室外会很冷，这时雷锋总是很体贴地叫师父进屋烤火，而自己始终保持高昂的工作劲头，哪里有需要就去哪里，叫干什么就干什么。师父开车的时候，他总会站在一旁给师父引路，同时仔细观察师父的操作过程，不懂的就问，并认真记在心里。他学习操作时，总让师父在一旁指教，直到学懂为止。

雷锋每天背着书包上班，里面装着一本师父送给他的推土机说明书，休息时他就掏出书本，逐字逐句地研究。下班后，他又继续学到深夜。洗煤车间的钳工们组织了一个“内燃机理论学习班”，雷锋也挤出时间主动参加学习，还被称赞为“出勤最好的一个学生”。

如果碰见别的师傅在检查机器，雷锋总是会过去看，帮着做这做那，时间久了还跟着学了一些修理技术。就这样，雷锋的修理技术提高很快。

有一次，推土机的滑油泵出了毛病，这种情况一般都是师父来修，但是雷锋却跟师父说道，“师父，可不可以让我试一下？”

“你？可以吗？你可没学过修理啊！”李师父用怀疑的眼光看着他。

“让我试试呗，万一可以呢？”

“好啊，那就请我的高徒试试看吧。”师父开玩笑地说道。

于是，雷锋钻到车底下去检修，师父在一旁指导，不一会儿工夫问题就解决了。雷锋请师父去检查，结果修得很好。师父又惊又喜：“好小子！了不起啊你！什么时候学的？”师父瞬间对他刮目相看，当初看他又瘦又小，想着肯定很难教，真是没想到，这孩子这么勤奋好学，又能吃苦，还会体贴人。

在雷锋来之前，洗煤车间已经培养过几批推土机手，一般都要一年左右才能独立操作。而雷锋只用了不到四个月时间，就顺利通过了厂里的技术考核，当上了“斯大林八十号”推土机手。雷锋个子不高，而推土机又高又大，坐着开车看不见前面的推土铲，不好操作；站起来开车，头又顶着车篷，直不起腰来，他就在屁股下面垫上一块木头。不怕吃苦的雷锋，压根儿就没有把这些困难放在眼里。他不仅学会了开“斯大林八十号”，而且会开“德特五四号”，哪里缺人，他就到哪里去顶岗。

推土机铲煤的工作看上去简单，但操作起来要严格遵循许多标准。比如有时推土机太用力，会铲起地下的泥土。有人说，那么多的煤，铲进去一点点土有什么大不了的啊？雷锋却不这么认为，他说：“虽然只有那么一点点土，但如果它们掺在煤里，就会影响炼焦的质量，从而影响炼铁、炼钢。如果每一个环节都有一点点瑕疵，那到最后会形成多大的危害啊？我们可不能放过任何一点点小问题。”

所以，雷锋在铲煤的时候，只要发现推土机铲了一点点泥土，就会马上下车去把它们挑出来。他这种认真负责、精益求精的态度，让同事们都很敬佩。

就这样，雷锋以推土机手的身份，在鞍山钢铁厂努力发挥着自己的光和热，思想境界也在不断提升。他时刻想着自己是颗“螺丝钉”，千万不能松动，遇到任何困难都不能逃避，而是要迎难而上，百折不挠，勇往直前。

12

危急时刻伸援手

雷锋在鞍钢化工总厂驾驶推土机的这段日子，没有什么惊天动地的伟业，他只是做了一些很平凡的小事。但从一件件平凡的小事中，我们看到了他热爱劳动、乐于助人、艰苦朴素等优秀的共产主义品格。

和雷锋同志一起来到鞍钢的，有几十名湖南的老乡，他们凭着一腔热血报名前来参加鞍钢建设。但是，他们都是在南方长大的年轻人，来到东北吃不惯这里的高粱米饭和窝窝头，有的吃了一半就扔了，有的干脆不吃，哭闹着要回家。雷锋看到大家这样，就给他们做思想工作："我们刚来这里，生活各方面不习惯也很正常，慢慢会好起来的。而且我觉得这粗粮饭也挺好吃的啊！"

雷锋为了鼓励大家渡过生活难关，给大家讲起了自己小时候的事："没有受过旧社会的苦，就不会知道新社会有多甜。我爸爸为了抗日，被鬼子打得半死，回到家后没过多久就死了。哥哥十二岁就去工厂给资本家做工，让机器轧断了胳臂，被赶回家来，没钱医治。弟弟跟着妈妈讨饭，是被饥饿折磨死的。当时要是能有俩窝窝头，不知道该有多好……"

雷锋的眼泪不停往下掉，哽咽着说不出话了。这时，同乡们都低下了头，从那以后，再也没听到有人说不吃粗粮的话。

雷锋平时生活非常俭朴。食堂里的菜丰富多样，但他平时只喝菜汤，一周才买一次小菜，这就算改善生活了。周末有事上街时，只需要五分钱就可以乘车，可是他偏要步行，跟他同行的人也不好意思坐车，就陪他一块儿走路。

但是，这么“抠门”的雷锋对工友可是一点都不“抠门”，每当雷锋看到工友有困难，就会主动支援。

有一次，同宿舍的一位工友不小心把全月的工资、粮票和饭票都弄丢了，愁得不行。雷锋就跑去跟他说：“没关系王大哥，我这里有，不会让你饿着的。”雷锋拉着王大哥去食堂吃饭，送给他 8 斤粮票，又借给他 10 元钱。王大哥非常感动，紧紧握住雷锋的手说：“雷锋，你真是雪中送炭啊！太感谢你了！”

那年，回收车间的工人刘大兴接到老家来信说母亲病重，急需用钱。雷锋听到这事，就主动问他：“你母亲治病的钱凑够了没有？”刘大兴焦急地回答：“我手头只有 20 元，但是母亲治病需要 50 元。”雷锋就二话不说把自己的存款取出来，借给他 30 元。

一个寒冷的冬夜，雷锋看到舍友邹本国不停喘着粗气，摸摸他的头好热，就劝他赶紧上医院。邹本国有气无力地说：“我浑身没劲，明天再说吧！”雷锋说不行，必须马上去医院，但因为是晚上找不到车，雷锋就把邹本国背到医院，帮他挂号、安排住院等，一直忙到半夜12点。

邹本国住院期间，雷锋每天到医院看望，还给他带了不少吃的。在雷锋的照顾下，小邹很快痊愈出院。小邹提起雷锋就激动地说："雷锋待人亲如兄弟，经常帮助别人，我的所有进步都与雷锋同志的热心帮助是分不开的。"

雷锋在鞍钢化工总厂工作期间，还曾兼职做过语文教员。1959年初，鞍钢化工总厂洗煤车间为"扫盲"举办了职工夜校，雷锋成为夜校学员。因语文和作文水平明显高于一般学员，被学校安排兼任语文教员。这期间，雷锋特别认真负责。他认真备课，耐心帮助文化程度较低的学员。大家都很尊重他，亲切地叫他"小雷老师"。补习班每天下午5点至6点开课，雷锋下午4点从洗煤车间下班，冲完澡就直接来到办公室领教具准备上课，从来不迟到。下课后，他会耐心回答工友的问题，不厌其烦地解释。遇到其他老师有事时，雷锋都会主动要求帮忙代课。

这就是雷锋！看到别人有困难，他总是能毫不犹豫地伸出援助之手。只要有雷锋在，他周围的人都能感觉到温暖。

13

到最艰苦的岗位上去

1959年8月中旬，由于鞍钢要在弓长岭铁矿建一座年产30万吨焦炭的焦化厂，需要从化工总厂抽调一批技术骨干和青年工人前往。很多人听说那里很艰苦，都不愿意过去。雷锋知道后，毅然决然地要求到矿山去，他几次找到车间主任要求去支援弓长岭建设，还写了决心书。他说："我愿意到最艰苦的岗位去锻炼自己。"

雷锋来到弓长岭时，正是焦化厂紧张施工阶段。由于刚刚建厂，这里什么都没有，条件很艰苦。宿舍还没盖起来，职工们都住在没有整修、四处透风的民房里。入冬之后，西北风嗖嗖地刮进来，晚上睡觉那叫一个冷啊。如果再遇上下雨天，被子和褥子都会被淋湿。屋里还没有接上水管，用水得到几里外的地方去挑水，山路狭窄崎岖，极为不便。

面对如此恶劣的环境，许多人就开始闹起小情绪，打起退堂鼓了。这时雷锋宽慰大家说："这里条件确实是苦了一些，但是比起旧社会，我总觉得我们现在已经幸福多了，有饭吃，有床睡，我小时候出去讨饭经常睡在马路牙子上呢。而且现在是建设初期，等我们把前期工作做完了，就会好起来的。困难只是暂时的，不是吗？"

初冬时节，矿领导决定为职工们修建宿舍。为了早日住上结实温暖的宿舍，雷锋和一群青年人组成了"青年突击队"，夜以继日地劳动。当时打地基用的石块，都是大家从附近捡来的。后来，附近没有石块可捡了，他们就到两三里以外的山上去捡。因为山路太窄车子不好进出，他们就全靠自己肩挑、背扛，但是这样效率太低了。

工地附近有条河，河里倒是有石头，但是河面已经结了冰碴，里面的石头不好往外搬，折腾半天也没捞出几块石头。雷锋觉得这样太浪费时间，二话不说，不顾刺骨的冰冷，挽起裤腿踏入河里。同志们见雷锋下了水，也纷纷跟着跳了进去，他们就这样“高效”地解决了石料问题。

建房子要和泥，初冬的早晨，泥坑里已经结了冰碴，用镐头都和不开泥了，雷锋就试着穿靴子进去踩，谁知靴子陷进泥里就拔不出来了。雷锋决定光着脚和起泥，好多同志也跟着雷锋一起赤脚和泥。雷锋的腿上划出了不少血口，却还是不肯休息，只管卖力地干活。有同志看到后劝他进屋歇会儿，他却笑呵呵地回答：“没事没事，宿舍早一天盖好，我们就少挨一天冻。”

就这样，在大家的共同努力下，漂亮结实的职工宿舍很快就盖好了。在千里冰封、万里雪飘的数九寒天里，大家住在自己动手盖起来的宿舍里，身心都是暖暖的。

有了温暖的宿舍，大家睡得好了，干起活来就更有劲了。雷锋更是劲头十足，什么事都冲在最前面。不管是扛木头、背石块等体力活，还是办板报、搞宣传这种文艺工作，雷锋都做得热火朝天。他用自己的实际行动感染着大家，哪里有他，哪里就有活力，哪里就有欢声笑语。

1959年11月4日深夜，雷锋正在车间调度室里看书，天气骤变。调度员说焦化厂内工地上还露天散放着7200袋水泥呢，急得一时手足无措。在这紧急关头，雷锋立即跑回宿舍，毫不犹豫地抱起自己的被子赶到现场盖在水泥上，并脱下衣服也盖在水泥上。他召集20多个工友组成“抢救水泥突击队”，一起找来雨布、芦席等盖住水泥。最终，在大家的抢救下，水泥完好无损。几天后，辽宁省《共青团员报》报道了雷锋和工友抢救水泥的事迹，赞扬他们舍己为公的英勇精神。

在鞍钢工友们的印象里，雷锋不仅干活是一把好手，还会写诗、拉手风琴，更是个热心肠的好兄弟，经常像一团火一样温暖着身边的每一个人。

雷锋在鞍钢工作期间，多次被评为厂先进生产者，获得标兵、“红旗手”、“鞍山青年社会主义建设积极分子”等荣誉。雷锋的名字传遍了“钢城”，他那“干一行爱一行、专一行精一行”的敬业精神，让很多人都对他钦佩不已。

叁

入伍入党

雷锋的故事

14 『滚烫』的入伍通知书

1959 年冬，新一年的征兵工作开始了。听到征兵消息的雷锋，兴奋得睡不着觉，因为参军是他从小的愿望，他始终记得部队连长送他钢笔，鼓励他好好学习的画面。多年过去了，他终于等到了这个机会。

在一个下着雪的冬夜，雷锋凌晨 3 点多从床上爬起来，敲响了党总支李书记的房门，李书记又气又笑地问他："你这家伙，大半夜不睡觉，跑我这儿来干啥？"

"我是来报名参军的，我怕来晚了就没有名额了。"雷锋认真地回答。

李书记无奈又好笑地看看他，把他拉进屋里，边拿自己的棉袄给他披上边说："你也不穿厚点，这么冷的天，万一冻坏了你还怎么参军？说说吧，为什么这么着急去当兵啊？"

"参加人民解放军是我从小的心愿，我家人都在旧社会惨死。在党的领导下，解放军解放了全中国，解救了我们，让我们过上好日子。所以我也要当解放军，保家卫国！"雷锋的一番话让李书记非常感动。

体检时，雷锋的各项数据都不达标，不具备参军的条件。但是雷锋不气馁，到辽阳市征兵办向余政委讲起自己的经历，表明了他参军的决心。

余政委看他态度坚决，就答应让雷锋作为预备兵入伍，先住在新兵集中站。雷锋根本闲不住，一直不停帮同志们干这干那。

后来，余政委和部队里负责接兵的荆营长又专门研究了雷锋的入伍问题。他们认为，雷锋是苦孩子出身，参军动机非常明确，政治觉悟高，又经过不少实际工作的锻炼，虽然身体条件差些，但他开过拖拉机和推土机，多次被评为“社会主义建设积极分子”和“先进工作者”，相信他入伍后一定会有所作为。最后他们决定特批雷锋入伍！

在领到入伍通知书的那一刻，他捧着这期待已久的通知书，激动万分。他终于光荣地参加了中国人民解放军，走上了保卫祖国的岗位，实现了他一直以来当一名战士的愿望。

1960 年 1 月 8 日下午，运送新兵的军用列车缓缓开进了工程兵十团的驻地营口市。

在团首长的带领下，工程兵十团的官兵们提前排好队在月台上等候着。车一进站，月台上就开始锣鼓喧天，“热烈欢迎新战友”的口号声此起彼伏，不绝于耳。

新兵们排着队过来了，一个个都掩饰不住内心的喜悦与激动。雷锋拎着他的行李走在队伍里，荆营长把雷锋带到部队首长面前，向他介绍道：“就是这位雷锋同志，他在车上已经被大家推选为新战士的代表了。”

首长们打量着雷锋，他个子明显比别人矮，小号军装穿在他身上，还显肥大，一位首长问雷锋：“你叫什么名字？”

雷锋敬了个礼：“报告首长，我叫雷锋！打雷的雷，冲锋的锋！”

“好！这名字够响亮！”首长对雷锋说，“一会儿开大会，你得代表新兵讲话，准备好了吗？”雷锋大声回答：“准备好了，首长！”

欢迎新战友入伍大会那天，风很大，天空还飘起了雪花。雷锋在大家热烈的掌声中，不慌不忙、从容不迫地走上讲台，他拿出准备好的演讲稿，精神抖擞、昂首挺胸：“敬爱的首长和同志们，现在我代表新战士们发言……”

他刚开了个头，他手上的讲稿就被风吹乱了。只见雷锋把讲稿一团，塞进了裤兜儿，冲着话筒开始了即兴发言：“我们这些新战士，能在60年代刚刚开始的日子里，穿上军装，扛起枪杆，真有说不出的高兴。我们当中有工人、有社员，也有学生，来自四面八方。可是我们只有一个心眼，学好本领，保家卫国，当个像样的兵……”说完，全场响起一阵热烈的掌声。

当兵是雷锋多年的梦想，如今，他终于得偿所愿，来到军营，成为一名新兵，这让他感受到了前所未有的幸福、光荣与自豪。

15

温暖的军营大家庭

那时的东北千里冰封，异常寒冷。但是，在军营这个大家庭里，雷锋却时时能感受到大家带给他的温暖。

新兵连里处处张贴着欢迎新战友的标语，也常有部队首长过来看望大家，嘘寒问暖。雷锋当时的班长叫薛三元，是个勤勤恳恳的老兵，他每天都早早起床，把火炉烧得旺旺的，给战士们把水烧好。这一切都让这些新来的想家的战友们，很快就找到了家的感觉。

雷锋所在的团是有着光荣历史的部队，

团俱乐部的墙上挂满了奖旗。在新兵教育时，吴团长给新兵们讲解了每一面奖旗的来历，讲述过去在枪林弹雨里，英雄前辈们怎样勇往直前，取得一次次的胜利；在艰苦的环境中，官兵们是如何团结一致、上下一心共同抗击敌人的。那些可歌可泣的革命故事，深深震撼了雷锋的心，他为自己能有幸来到这支光荣的队伍感到无比自豪。

雷锋在这里开始了他的新兵生活，他感受到了集体的温暖，同时也用自己的方式温暖着集体：卫生抢着搞，出差抢着去，学习专栏抢着办。吃饭时，他主动给大伙读报，传达党的方针政策；休息时，他教大家唱歌。

新兵入伍不久，紧张的军事训练就开始了。那段时间天寒地冻，还真是锻炼新兵意志的时节。基础训练的第一个课目就是队列。队列课上，雷锋仔细观看示范动作，认真体会动作要领。立正，稍息，报数，看齐，各种转法、走法，雷锋一招一式都做得利落标准，受到了班长薛三元的表扬。班长经常叫他出列为大家做动作示范，他都不厌其烦地一遍又一遍为大家演示。

但是另一项课目对于雷锋来说，就没那么简单了。手榴弹投掷，这个要求要投得远、投得准。这时，雷锋身体条件的劣势就凸显出来了，瘦小单薄的雷锋在这个课目上明显不占优势。

由于他个子小，臂力也小，在投弹练习时比较吃力，他拼着全身的力气，离及格线也还相差甚远。而别人轻松一甩，就能投出40米开外。班长不停地帮他纠正动作，战友们也在旁边为他加油打气，但是，他始终没有达到及格线。

晚上回到宿舍，雷锋心情非常烦躁，这可怎么好，一个人不及格，会影响全班训练成绩的。更重要的是作为一名解放军战士，连个手榴弹都投不及格，还算得上什么战士，还谈什么保卫祖国呢？他不禁自问：难道我要被这个小小的手榴弹难倒吗？不行，我一定要通过考核！

雷锋重新回到被冰雪覆盖的操场。北风呼啸着，卷起雪粒扑面而来，打在脸上像刀割一样疼，可他根本顾不上这些，甩起胳膊又练了起来，一遍一遍地刻苦训练。直到班长薛三元过来，亲切地问他："你没听见熄灯号吗？已经熄灯一个小时了，你快回去休息。"但雷锋想继续练习，就恳求说："班长，让我再练一会儿吧！"

班长严肃地说："不行！不能违反作息时间，快去睡觉！"

可是第二天天还没亮雷锋就悄悄起床，向操场奔去……

之后，他每天天不亮就悄悄出去练习，由于训练强度太大，雷锋浑身酸痛，晚上都难以入睡。指导员听说雷锋的情况后，专门找他谈话，表扬了他刻苦训练的精神，但是又告诉他一口吃不成个胖子，这样超强度训练是不行的，容易受伤。他指导雷锋要学会用巧劲，投弹遵循规律，动作要标准要协调。因为雷锋投掷不远的根本原因在于手臂力量不够，可以有针对性地做一些辅助练习。

指导员的话让雷锋大受启发，接下来的练习，雷锋在矫正动作姿势的同时，也抓紧时间练习臂力，经常做引体向上、俯卧撑等。单杠杆子高，雷锋每向上一次，都要使出很大的劲。冰冷刺骨的铁杆，他忍耐着，一下，两下，三下……在这样寒风刺骨的天气里，汗水浸透了雷锋的衣衫，寒意更加入骨，但他仍然坚持训练。

功夫不负有心人，十几天后，在实弹考核中，雷锋终于取得了优秀的成绩，受到了连长的表扬。战友们也都为他欢呼起来，他自己也终于松了一口气。

一天凌晨，雷锋站岗回来，感觉头晕晕的，好像有点发烧，但不想给大家添麻烦，也不想耽误训练，就没有告诉任何人，硬挺着坚持做完了全天的新兵训练课目。

到了夜里，雷锋支撑不住了，觉得身上冷一阵热一阵的，躺在床上翻来覆去睡不着。这时，一道明亮的手电光照进来，是荆营长来查铺了，他轻轻地走到每个战友的床前。雷锋不想让首长知道自己生病了，就悄悄把被子一角拉过来遮住脸，假装自己睡着了。这时他感觉到自己的被角被轻轻拉开，营长用手摸了下他的额头，然后转身走了出去。

过了一会儿，荆营长带着卫生队的值班军医回来了。军医诊断以后说是重感冒，给他开了药。荆营长给雷锋倒了杯水，让他把药吞下去，然后又脱下自己的大衣盖在雷锋的被子上。荆营长临走时嘱咐道：“有病可不能硬挺着，这样会把身体拖垮的，没有了好身体怎么参加战斗啊？好好睡一觉！”

睡了一觉之后，雷锋果然觉得好了许多。军号声响了之后，他要从床上爬起来，被战友一把按住了：“班长说了，你得休息。”

战友们都围着雷锋，有的为他打来洗脸水，有的给他递上热毛巾，有的给他端水送药……薛班长为他打来病号饭——一碗热乎乎的面条，里面还卧着一个白里透黄的荷包蛋。他扶雷锋坐起来，雷锋双手端着这碗热面条，心里也是热乎乎的……

军营这个大家庭，让雷锋感受到了无与伦比的温暖。在这里，每个战友都成了他的亲人。

16

绝对服从工作需要

新兵训练结束后，新兵连就要解散了，每个新兵都将面临着分配。被分到哪个单位，去当一个什么兵，直接决定着每个新兵的前途与发展，也关系到部队的建设，所以这也让负责新兵分配的军务参谋戴明章费了不少脑筋。

新兵分配，有一条重要原则，就是要考虑他们个人情况，包括身体素质、文化程度、工作经验、技术专长等。

因为雷锋曾在团山湖农场当过拖拉机手，在鞍钢当过推土机手，鉴于这些经历，雷锋要是被分到技术营去驾驶推土机、铲运机，是水到渠成的。但出乎意料的是，戴明章却偏偏把雷锋分配到了运输连，让他去做一名汽车兵。

原来，团里仅有的一台首长用的指挥车的司机是一位已经超期服役的老兵，随时都有可能退伍，所以必须培养一名政治觉悟高、可以熟练驾驶、保证首长安全用车的驾驶员。而戴明章看中了雷锋。他想着让雷锋先去汽车连学习驾驶，到时有需要了也能顶上开指挥车。

于是，在新兵分配工作会议上，戴明章向团首长汇报了他的分配方案，首长们都表示满意。戴明章问了雷锋自己的想法，雷锋说："绝对服从革命需要！革命需要我去烧木炭，我就去做张思德；革命需要我去堵枪眼，我就去做黄继光。"

就这样，雷锋被分配到了运输连。但是当雷锋和另外几名战友打起背包，准备上车奔赴运输连的时候，通讯员突然跑来，让雷锋马上去连部一趟。

雷锋心想："不会又有什么变化吧？不是让我去运

输连吗？”

他来到连部，指导员对他说：“雷锋同志，去运输连之前，领导先给你安排了一项新的任务……”

原来，新兵连文艺晚会上，雷锋朗诵了一首诗，赢得了全场热烈的掌声，同时也引起了团俱乐部主任的注意，部主任想让他参加团里的业余演出队。

“这……”雷锋有点措手不及，他问道，“指导员，参加演出队也是跟部队一起行动吗？”

“当然了！就是跟部队一起行动啊！”

指导员告诉他，为了帮助扩建抚顺钢厂，部队要到抚顺参加一项重要的建筑施工作业。演出队的任务是排练出一台反映部队生活的节目，然后前往抚顺为施工部队演出。

指导员看出雷锋有点犹豫：“怎么样？有困难吗？”

虽然雷锋没有一点准备，他也很想马上到运输连去学习汽车驾驶，但既然组织已经安排了，他就绝对服从命令。

演出队的排练很快就开始了，因为当时演员少而节目多，就只好“一兵多用”。领导让大家各尽其才，发挥自己的特长和创造性，能演什么就报什么，尽可能把节目丰富起来。

雷锋热情极高，他报了好几个节目，有诗朗诵、快板等单人节目，还有几个集体节目。大家都替他捏把汗，他可是需要背很多台词的啊！但雷锋信心满满，一拿到台词，就抓紧时间背起来，很快就背得滚瓜烂熟了。

但是在正式排练的时候，问题来了。雷锋的湖南口音太重，在集体演出中显得很不协调，他一开口大家就想笑。雷锋赶紧找人帮忙，一字一句地纠正发音。通过一段时间刻苦练习，他进步也很大，但是在排练的时候口音问题还是很明显。眼看着演出时间越来越近了，为了不影响演出质量，几个领导想在集体节目中把雷锋撤换下来。但是他们看着雷锋废寝忘食地排练、背台词，实在是于心不忍。

正当领导想着怎么找雷锋做思想工作时，他自己主动找来，说自己只是想出一份力，但如果因为自己的原因影响了排练进度和演出效果就不好了，他请求组织把自己替换下来。

“放心吧，领导，我没问题的。虽然不能上一线，但我还是演出队的一份子，我会努力做个好后勤的。”雷锋诚恳的话语让领导很感动，这个小伙子觉悟太高了。

为了保证排练能够顺利进行，雷锋积极包揽了很多后勤工作。演出队有二三十个人，大家共用一个开水瓶，每次从食堂打来开水根本就不够喝。雷锋心想：大家这又说又唱的，没水喝怎么成啊？他想了个办法：他拣来一些碎砖头，在营房外面架起了一个小炉灶，又从伙房借来一个烧水壶，自己给大家烧起了开水。等水开了，他就提着壶挨个给大家杯子里倒水。

这就是雷锋，在任何有需要的时候，他都会尽自己的全力去帮助他人。在演出中，大家虽然没有看到雷锋的表演，但是台上的每一个节目都饱含着雷锋的辛勤付出。

17

钻研汽车技术

巡回演出结束后，雷锋就来到了运输连。一个新的问题摆在他面前：汽车专业的理论课程学习已经进行了一大半，很快就要进入实操阶段，自己却还没入门。

为了赶上课程进度，雷锋立马投入到紧张的学习中，他主动找教练员帮他补课，抓紧一切时间学习，整理笔记。车场上有空车的时候，他就带着教材去汽车旁边，爬上爬下地一件一件对着实物进行复习。

雷锋废寝忘食地学习，很快就赶上了进度，被大家一致推举为技术学习小组长。雷锋经常帮助一些学习能力较差的同志。当时班里有一名叫佟占佩的战士，来自农村，没上过学，雷锋就和他结成“一帮一”。雷锋一边帮助他学习汽车驾驶的理论，一边给他补习基础文化知识，最终使他在理论考试中取得了比较好的成绩。

理论课程通过后，接下来就是学习原地驾驶了。雷锋看到六班的战友制作了一些汽车驾驶室的模型，他就吸取六班的经验，找来一些废木板和零件，也做了一个。这个模型虽然简单，但却解决了挂挡、制动、油门等方面的练习问题，在实际的操作训练中起到了很好的辅助作用。之后，除了课堂上的汽车实操练习外，休息时间雷锋就在模型上练，连走在路上、躺在床上的时间，他也不停琢磨着驾驶动作。

5 月，雷锋成为一名合格的驾驶员。他个头不高，开苏联嘎斯汽车有些困难，于是他就像开推土机时一样，在座位上垫个木头。在工作中，遇到问题时，雷锋总是会想办法解决。

雷锋刻苦钻研汽车技术，一有机会就向师父请教经验。他外出办事乘坐公共汽车，车上有座位他也不坐，而是总站在司机身后，认真观察司机的一举一动，细心研究司机在各种情况下的应变操作。

一次，雷锋坐兄弟部队的卡车回营，途中发现汽车突然减速，他急忙透过驾驶室的后窗看向司机，只见司机拉了一下阻风，做了一个上坡时才用的动作。他觉得奇怪，车停之后，雷锋马上向司机请教做那个动作的理由，司机告诉他：拉阻风不仅可以提高发动机的动力，也是当时判断故障最简单的办法，可以看出减速的故障是出在油路上还是电路上。雷锋深受启发，回去就告诉战友们，和战友们一起在实践中体会这招的效果，最后证明这确实是个好办法。

有一天雷锋在出车时，发现汽车后轮有点晃动，他赶紧下车检查，但怎么都找不到原因。回来后，他急忙请教教导员，教导员听了雷锋的描述立马就说："是转动轴松了。"雷锋再次检查汽车，发现教导员说得没错，他很吃惊："教导员，你太厉害了！怎么判断那么准！"

教导员说："熟能生巧啊。这个就像医生检查病人，用听诊器一听就知道问题在哪。我们也要像医生那样，把汽车的五脏六腑都研究透。只有这样，才能在汽车出现故障时用耳朵一听，就能准确知道哪里出了毛病。"

这两件事让雷锋认识到一个好的汽车兵同时也应该是一个好的汽车修理工，要学会排查各种故障的本领。

雷锋驾驶的13号车，原来是全班耗油最多的一辆车，大家都管它叫"耗油大王"。但是如果要送它去车厂大修，太耽误时间，也影响日常工作。雷锋就想，不如自己试试找出原因，看能不能制服这个"耗油大王"。于是他利用休息时间，一个细节一个细节仔细排查，终于发现，是油化器的油针太粗导致车辆耗油。最后经过他的努力调整，13号车的耗油量终于降下来了。

有一次出车前，雷锋和助手小韩检查车辆时，发现一个豆粒大的火花塞帽不见了，他们到处寻找，就是找不到。助手找来一个新的火花塞帽，说："装上这个赶紧出车吧，今天任务很重的。”

“任务再重也不能就这样算了。要是火花塞帽掉进汽缸里，可不是小事，会导致严重的后果。”他坚定地说，“不找到这个火花塞帽，决不能出车。”

小韩见他这么坚持，就跟他一起将车辆机件拆开，仔细查找，果然在汽缸里发现了火花塞帽。这件事让小韩吸取教训，他心想，要不是雷锋的坚持，非出事故不可。

后来，为了让雷锋熟悉车况，团里和连里确定把13号车固定下来给雷锋驾驶，不再轮流换人了。雷锋在驾驶这辆汽车期间，从未出过任何事故。雷锋为了让连里其他同志安全出车，还精心绘制了一条从抚顺到铁岭的行车路线图，哪里有沟，哪里有坎，哪里要过河，哪里要绕山，哪里的石头子儿多，他都标注得非常明确。

雷锋就是这样，无论在什么岗位上，都以极大的热情投入工作。他勤于思考、善于学习，得到了领导和战友的一致好评。

18

轻伤不下火线

1960 年 8 月，抚顺地区天气骤变，遭遇了特大的暴雨，发生了严重的洪涝灾害。洪水来势汹汹，淹没了土地，淹没了庄稼，淹没了地势较低的房屋，人民的生命和财产安全受到了严重的威胁。

雷锋时刻牵挂着受灾地区的百姓，他时刻准备着与洪水猛兽作斗争。但是，偏偏在这个时候，雷锋病倒了。因为担心人民群众的安全，他吃不下睡不着，过分劳累，加上着了凉，肠胃炎犯了。

就在这时，运输连接到了抗洪抢险的命

令，让他们到抚顺郊外的上寺水库去。连长马上集合队伍分配任务，考虑到雷锋的身体状况，连长决定让他留下来值班。但是雷锋立马跑到连长面前说："连长，我也要去！这个时候你怎么能把我留在家里？我怎么坐得住呢？"

连长看着他瘦弱的身子说道："你生病了，需要好好休息！"

"我病已经好了，我没问题的！"

"别犟，生病了就要休息，身体不好怎么参加战斗？再说了，你手上的伤还没好呢，怎么能去抗洪啊？"

雷锋一把扯下手上的绷带，把手伸出来说："看，已经好得差不多了。连长，你就让我去吧！"

在雷锋的软磨硬泡下，连长终于同意了，雷锋得以和大部队一起出发。在那个漆黑的夜晚，电闪雷鸣，暴雨如注，成千上万的解放军战士及群众与洪水展开了激烈的战斗。但是，水位还是不断上涨，眼看就要漫过大坝了。在这千钧一发的时刻，市委防汛指挥部下令连夜挖掘溢洪道。

忽然，“哗”的一声，大坝边上一大片黏土被冲了下来，正在挖泥设防的雷锋被猛地砸了一身，手里的铁锹也被冲掉了。他不顾一切弯腰下去寻找铁锹，但是雨太大天太黑，他怎么也找不到。于是他就用手挖泥，挖一块就往上面甩一块。就这样干了好长时间，雷锋才觉得手指火辣辣地疼。他站起来，凑到微弱的灯光下看，正是那只被烧伤的手指又被磨破了。战友看见了让他去找卫生员，他死活不肯去。“轻伤不下火线，现在情况太危急了。”说着他又弯下腰去继续挖泥。

“我是一个兵，来自老百姓……”雷锋一边干一边还唱起歌来，大家也跟着唱起来。战士们高昂的歌声，在暴风雨中回荡……

这时连长抬头才看到雷锋正在徒手挖泥，连长想把手里的铁锹给他，但又想到他受伤加生病本应该好好休息的，于是冲雷锋喊道：“雷锋！”

“到！”雷锋立马来到连长跟前。

“你马上到广播站去，把咱们连的好人好事宣传一下！快去，发挥你的才艺，鼓舞鼓舞士气，这也是战斗！”

“是！”雷锋向广播站跑去。途中，他看到一位拼命干活的同志没穿雨衣，就脱下自己的雨衣给那位同志披上，然后消失在夜幕中。

过了一会儿，喇叭里就响起了雷锋的声音：“战友们，听我言，英雄出在最前线……”那铿锵有力的声音，像闪电一样，在狂风暴雨中划破夜空，鼓舞着奋战中的抗洪大军。

天快亮了，乌云不断翻滚着，像来势汹汹的海潮一样，雷声隆隆作响，暴雨完全没有要停下来的意思。当部队换班休息的时候，雷锋走上大坝，突然感到一阵头晕，眼看就要倒下去，战友们连忙扶住他，他还一个劲地说没事。

连长叫来卫生员，让他把雷锋扶到老乡家里去好好休息一下：“你看着他，今天不许他再过来了。”

“是！”卫生员扶着雷锋来到一户老乡家里。家里只有一位老人，剩下的人都去大坝上抢险了。老人热情地给雷锋倒了一杯热水，卫生员帮他包扎了手上的伤，又给他吃了药。雷锋躺了一上午，出了一身汗，觉得精神好多了。

这时，只听窗玻璃噼里啪啦作响，这如注的暴雨好像在不断敲打着雷锋焦灼的心。他抱怨自己为何偏偏在这个紧急时刻病倒掉链子，他再也躺不住了，翻身坐起拉住卫生员的手说：“卫生员同志，老乡们全都去战斗了，你让我躺在人家里休息，我怎么能躺得住呢？”

“这……你这不是生病了吗？看你的手都成什么样了？”

“没关系的，等洪水退了我再好好养伤。我吃了药休息过了，没问题。”

“你……”

“你说，黄继光在战场上用自己的胸膛堵敌人的枪口，我作为一个战士，却因为这点小病就躺在这里休息，这像话吗？”

卫生员实在不知道该怎么接他的话了。就在这时，雷锋迅速下了炕，抓起雨衣就跑进暴风雨中……

就这样，在大家的共同努力下，经过七天七夜的连续奋战，一场百年不遇的洪水，终于被击退了。而雷锋在这场抗洪斗争中，处处以一个优秀共产党员的标准严格要求自己，带病带伤坚持战斗，受到团党委的奖励。雷锋在抗洪抢险中所表现出的不畏艰险、迎难而上、为了党和人民的利益奋不顾身的革命精神，值得所有人学习。

19

光荣入党，心之所向

雷锋是1960年1月8日入伍的，同年11月8日，他光荣地加入了中国共产党，是当时唯一一个入伍不满一年就入党的战士。

雷锋入伍时间不长，但进步很大，成绩非常突出，被团党委树为全团“节约标兵”，荣立二等功、三等功，多次受到嘉奖。根据他的表现，又经过政审考核，连队党支部有意把他列为当年发展对象。7月下旬，经过运输连党支部委员会的讨论，同意将雷锋列为发展对象。当时全团通过100多名发展对象，只有雷锋是当年的新兵。于是有人提出，雷锋军龄太短，考验时间应该延长。团政委、团党委书记韩万金表示：“对于一般的同志是这样要求的，但雷锋可以不受入伍时间的限制。因为雷锋是我们的典型，在地方工作时也表现优异，所以只要条件具备就行。”

之后，政治处便派人到望城和鞍钢进行调查。不久，团政治处就给运输连党支部做了批复，雷锋被列入 1960 年第四季度的党员发展计划。

因为雷锋被确定为特邀代表，将参加于 1962 年 2 月召开的沈阳军区首届共青团代表大会，并将在会上被授予“模范共青团员”的称号，所以军区工程兵党委成员都认为，像雷锋这样的好典型，应该以共产党员的身份出席军区首届团代会。于是，他们便催请工程兵十团党委早点审核批准雷锋的入党申请。

1960 年 11 月 8 日，在运输连召开的支部党员大会上，全连到会党员一致通过了雷锋的入党申请。指导员高士祥是雷锋的入党介绍人，他在介绍人一栏郑重地写下：“雷锋同志牢记我党宗旨，全心全意为人民服务，爱憎分明，有坚定的政治立场，我自愿介绍雷锋入党。”

会后，指导员高士祥把雷锋的入党志愿书交给他，郑重地对他说：“雷锋同志，恭喜你，正式成为中国共产党党员了！”雷锋双手颤抖地接过志愿书，哽咽地说：“我……终于……加入中国共产党了……今后，我一定听党的话！”

几天后，雷锋给鞍钢焦化厂的领导和同志们写了一封信：“我于本月 8 日加入了光荣的中国共产党，成为了一个新党员。我是何等的喜悦和荣幸啊。这几天我激动的连晚上觉也睡不着，我今天能成为一个共产党员，这是和你们对我无微不至的关怀和教导是分不开的，光荣应归给党和你们。”他在最后强调：“我决心继续努力，望（忘）我的工作和好好的学习，好好练本领，时刻准备着为党和阶级的最高利益贡献出自己的一切，直至宝贵的生命，永远做毛主席的红色战士。” 这是雷锋对党和人民立下的铮铮誓言，正是这条钢铁般的誓言激励着他一直向前、不断进步！

1960年11月21日下午，雷锋受到了沈阳军区工程兵党委成员的集体接见，军区工程兵主任王良太还送了他一套《毛泽东选集》，并在扉页上题词——

赠给雷锋同志：虚心使人进步，骄傲使人落后。祝我们共同进步，建设美好未来。

雷锋大为感动，在日记中写道："下午1点半钟，我在沈阳军区工程兵部见到了上级首长。吕政委对我说：'……做出成绩，什么时候都是应该的。我们革命者不能满足，要更加虚心，对领导要尊敬，对同志要团结，要努力做毛泽东时代的好战士，要做一个好的共产党员。'"

雷锋是一个懂得感恩的人。他是一个孤儿，一个旧社会的苦孩子，是党培养他读书、工作、入伍，雷锋从小就告诉自己要饮水思源，报效国家。

雷锋热爱中国共产党，又加入了中国共产党。他把入党看作自己人生最大的一件事，看作自己的第二次生命。他把党比作生养自己的母亲，有一首诗最能表达雷锋对党的深厚感情，那就是《唱支山歌给党听》，雷锋还把诗作了修改后记在日记里。

雷锋常常怀着感恩之心对身边的人说：“党从九死一生中救了我，党给我报了仇，这是我永世也不会忘记的。我现在是一个共产党员，一个共产党员，只有当他闭上了眼睛的时候，才有权利停止斗争。”雷锋自始至终都在践行他立下的所有誓言，直到他生命的最后一刻。

20

孩子们的知心人

雷锋一直珍藏着两样心爱的东西：一条红领巾和一个大队长臂章。从家乡到鞍钢，又从鞍钢到部队，这两件东西，他始终带在身边。每当看到这两样东西，雷锋的脑海里就会浮现出他第一次戴上它们的场景。他一直认为：自己就像一个蹒跚学步的孩子，跌跌撞撞，是党像母亲一样，扶着他，保护他，教会他走路，培养他长大。他成长的每一步，都饱含着党对他的亲切关怀和殷切希望。因此，他希望将这份温暖传递下去。

部队驻地附近有好几所小学，每天上学、

放学的时候，孩子们见了解放军叔叔，都会敬礼问好。雷锋每次看到他们幸福的笑脸，就会想起自己的童年，和那些曾经帮助他“天天向上”的人。听着孩子们一声声亲切的“雷锋叔叔”，他内心涌现一股暖流：在这些孩子们面前，自己已经是个大人了，现在该轮到自己来帮助孩子们了。

从 1960 年 10 月起，雷锋先后担任了抚顺市建设街小学和本溪路小学的校外辅导员。

雷锋平时工作、学习都很忙，但他经常利用午休时间，或者是下雨天不能出车的日子请假到学校去找教师、同学谈心。他爱孩子们，孩子们也很喜欢他，把他看成最亲密的朋友。

刚出车回来的雷锋，本来感觉很困乏，可一想到孩子们，他就匆忙放下饭碗，换了衣服，来到学校。他一踏进校门，就被一群孩子围住了。孩子们像群喜鹊一样跳着、欢呼着。

“雷锋叔叔好！”

“雷锋叔叔讲故事！”

雷锋和孩子们接触多了，就发现有许多孩子本来很聪明，但就是调皮惯了，对自己没有约束力，经常违反纪律，还影响学习。因此他想尽一切办法，让这些孩子改掉坏习惯，好好学习。

建设街小学六年级有个叫小马的同学，活泼伶俐，就是调皮得要命，整天打打闹闹不好好听课，个子很高了还没戴上红领巾。中队委员们管不了他，还被气得不理他了。雷锋知道了这件事，就说服中队委员们：“小马是你们的同学，大家都要帮助他，怎么能不理他呢？”中队委员们委屈地说：“他谁的话都不听，怎么帮助他呀？”

雷锋说：“没事，我们一起想办法。”

从那以后，雷锋就经常给小马讲故事，跟他聊天，和他一起玩儿。后来经过雷锋和老师们的教育，还有少先队的帮助，小马逐渐克服了爱玩爱闹的缺点，学习也进步了。当他第一次戴上红领巾，见到雷锋的时候，紧紧拉住雷锋的双手，激动地说：“雷锋叔叔，我终于加入少年先锋队啦！”

“太好了，祝贺你啊！”雷锋鼓励了他一番，让他再接再厉。

雷锋慢慢成了孩子们的知心朋友，经常引导孩子们去思考读书的目的，让他们明确自己长大该干什么。作为孩子们的辅导员，他觉得自己有责任帮助孩子们从小树立正确的价值观、人生观。他还经常关注孩子们的日常心理发展和社交情况，比如哪个小朋友有心事了，谁跟谁闹矛盾了，他都能发现。

那天，本溪路小学的少先队员们要为学校的园地上肥料，可是学校的粪勺不够，于是老师就让两个女同学一起到运输连去借。这两个同学原本是很好的朋友，不知为什么闹了别扭，见面都不说话了。

她俩找到雷锋，拿了粪勺转身就走，谁也不跟谁说话。雷锋看出了端倪，叫住了她们，笑着看看她俩，问道：“这是怎么了？我记得你俩平时不是很要好的吗？闹别扭了？”

她俩一下子都红了脸，只好道出了原委：原来，她俩为了借铅笔和橡皮的事闹了别扭，已经有一周都不理对方了。

雷锋说：“我还以为多大点事呢，这样可不好哦，两个好朋友，为了一点儿小事就闹别扭，将来怎么能和大家齐心协力做好工作呢？”

两个小朋友听了雷锋的话，都默默低下了头。其实她俩都后悔了，但谁也不好意思先开口。雷锋看出了她俩的心思，就拉起她俩的手放在一起说：“你们想团结友爱，就马上握手言和吧。”两个孩子互相看了一眼，忍不住笑了起来。

除了这些，雷锋还常常以自己的实际行动启发教育孩子们要艰苦朴素、克勤克俭。

建设街小学一个五年级的教室要更换玻璃，同学们取下一块木板，把上面的钉子拔下来，随手扔在了地上。看到雷锋走过来，他们便高兴地说：“叔叔，我们要换新玻璃了。”

“是吗？换新玻璃了？那好啊。”雷锋说着把他们扔在地上的钉子捡起来，问道：“这些钉子怎么就扔了？这以后还能用呢。”

“几个破弯钉子，还有啥用啊？”

“破弯钉子？你们看着啊！”雷锋拿着钉锤，把那几个弯钉子一颗颗都砸直了，再拿起来给大家看，“你们看，还是破弯钉子吗？在我的节约箱里，有很多钉子都不如它们呢！”接着，雷锋让大家坐下来，给大家讲了“螺丝钉”的故事：“有一次，我跟县委书记一起下乡，路上看到一个螺丝钉，我就一脚把它踢开……”

孩子们听了这个故事，都觉得自己就像当年的雷锋叔叔，而现在的雷锋叔叔就像当年的那位县委书记！他们都要求去看雷锋的“节约箱”，雷锋就带他们去看了。从此，学校的很多班级都开始做起了“节约箱”。同学们都表示要向雷锋叔叔学习，养成勤俭节约的好习惯。

类似这样的例子还有很多，为表彰雷锋，1962 年 5

月 28 日，共青团抚顺市委还给他颁发了“少先队优秀辅导员”的奖状。

就这样，雷锋和孩子们建立了深厚的友谊，他凭借孩子们的辅导员和知心朋友的身份，以热情和高度的责任心，用心浇灌着祖国的幼苗，呵护他们茁壮成长。

21

当选抚顺市人大代表

1961 年春天，抚顺市选举人大代表，部队里也开展了选举工作。最后，全团上下一致决定，选举雷锋同志为抚顺市人大代表。

不久，一张人民代表证书就由抚顺市选举委员会送到团委，上面写着：推选雷锋同志为抚顺市第四届人民代表大会代表。

当雷锋从政治处主任手里接到这张证书的时候，内心激动万分，他郑重地对主任说：“请领导们放心，我一定会对得起党和人民的这份信任！”

有一位烈士家属张大娘，住在运输连驻

地附近，她的儿子在抗美援朝战争中，为了保卫祖国和人民，光荣牺牲了。

前不久，当地居民选举人大代表时，有人问张大娘："您打算选谁当代表呀？"

张大娘说："我呀，我要选雷锋！"

"雷锋可是部队里的，您选不了啊。"

"我不管，我就选雷锋，大家都说雷锋好。"

原来，张大娘经常听孩子们提起雷锋，个个对他赞不绝口，说起他就滔滔不绝，都说要向雷锋叔叔学习。还有街坊邻居们也经常讲，运输连有个雷锋战士，他从小受尽苦难，早早成了孤儿，后来参加了人民解放军，在革命队伍里长大，他不怕困难、工作认真，还经常助人为乐。总之大家都说他好，张大娘就一直很想见见这位党的好战士。

雷锋也听孩子们说起过这位英雄的母亲，也一直很想去看看大娘，但却一直抽不出时间。

6 月的一天，张大娘正拿着铁锹在屋前菜园里忙活，一个年轻的战士向她走来，远远地就热情招手："是张大娘吗？您老好啊！"

只见一个身材不高、浓眉大眼的小伙子走到她身边，张大娘一时愣住了，自己没见过这个孩子啊。

张大娘问："你是……"

"大娘，我叫雷锋，是运输连的战士。"

"哟，你就是雷锋啊！孩子，大娘早就知道你了，一直很想见见你……"张大娘说着拉着雷锋的手，上上下下把他打量了一番，脸上一直挂着笑。

"我也早就想着来看看您，可就是一直抽不出时间。今天有点空，我就赶紧来看看您！"

"好孩子，谢谢你还能想着我，大娘也总算见到你了！走，快进屋喝点水！"张大娘拉着雷锋往屋里让。

雷锋笑着推脱："不啦，大娘！"说着他就拿起铁锹开始干起活来。

张大娘笑着问他："你们部队上是不是也选举人大代表啊？"

“嗯，部队也选啊。”

“那你们选了谁呀？”

“选了……”雷锋笑笑，没有再说下去。

张大娘说：“不管你们选了谁，反正我是觉得应该选你！”

雷锋觉得自己肩上的责任又重了一些，这个人大代表的称号，承载了多少人的嘱托和期望啊，自己一定不能辜负大家的信任！

7 月 27 日晚上，雷锋出车回到班里，就收到了抚顺市人民委员会送来的通知书，指导员兴奋地对他说："雷锋啊，你明天就不要出车了。参加人民代表大会是一件大事，你要抓紧时间认真准备啊，希望你能很好地完成这次任务。”

“是！”雷锋坚定地回答，“这是我向代表们学习的好机会，我决不辜负党和人民的期望！”

不过，尽管领导一再说让他好好做会议准备，但由于运输连里工作任务很紧张，雷锋还是坚持出车。8 月

2日，雷锋带上《毛泽东选集》和一个笔记本，离开了连队，到达抚顺宾馆。

雷锋隔壁的两个房间，住着六位六七十岁的老大娘，她们也是人大代表。开会这几天，雷锋经常到这几位老人房间去看望她们，跟她们唠唠家常谈谈心，交流会议的感受。雷锋十分尊重她们，也在这些革命前辈身上学到了很多东西。他暗暗鞭策自己：我应该向这些革命前辈学习，尽自己最大的能力为人民服务。

雷锋出席抚顺市第四届人民代表大会第一次会议，在大会上雷锋进行发言："……我衷心地感谢党救了我的命，感谢党给了我无产阶级思想，感谢政府对我无微不至的关怀和照顾，感谢人民对我的爱护。为了不辜负党和人民对我的要求和期望，以及在这次大会的鼓舞下，我决心鼓足更大的革命干劲，努力学习马列主义和毛泽东思想，更好地为人民服务，在今后的工作和学习中，争取更大的成绩。我一定要时刻提高革命警惕，握紧枪杆，保卫我们的社会主义建设，保卫我们的祖国。"

在抚顺市第四届人代会结束时，雷锋还收到市领导代表全市人民的慰问心意——1斤苹果。雷锋没舍得吃，而是把这份礼物转送给了住在卫生连的伤病员同志。雷锋在日记中写道：自己虽然没吃着，但是心里比吃了这斤苹果还要甜十分。

22

恪尽职守的模范班长

1961 年 8 月，参加完人民代表大会后，雷锋回到连里就担任了二排四班的班长。

当了班长之后，有一次因为内务问题，雷锋找班里大高谈话，可是没聊几句就谈崩了。大高回到宿舍，躺在床上蒙着被子。雷锋掀开他的被子，大高悻悻地说了句：“我病了！”就又把被子蒙住脑袋。雷锋气得不知如何是好，来到连部找到连长虞仁昌说：“大高因为内务的事跟我装病，躺在床上不起来，这叫什么兵啊？连长，要不你替我去做做工作吧！”

连长对雷锋说：“作为班长，严格管理同志是对的，但你也要注意方式方法。大高同志做得是不对，可是不管怎样，这个工作都得你自己去做，我去给他做完工作，以后你这个班长还怎么当？你不能事事都来找我吧？”

“嗯，也对，”雷锋听懂了连长的话，“好的，连长，我知道该怎么做了。”

雷锋去炊事班端了一碗热乎乎的面条汤，送到大高的床前，然后他又打来一盆热水，不停地拧热毛巾给大高擦额头。大高猛地坐起来诚恳地对雷锋说：“班长，我错了！对不起，我不该跟你闹脾气。”

雷锋在连队里处处为他人着想，真正做到了“毫不利己专门利人”，这也是他能够成为典型，受到领导和同志们尊重和夸赞的原因之一。

一次，连里组织大家上山割野草搭菜窖。早上出发前，连里为每人准备了一盒午饭，让大家带着。四班有个战士因为嫌带饭麻烦，就在出发前直接把午饭吃到肚子里了。可是到了午饭时间，大家都在狼吞虎咽，他却没精打采地靠在树上。雷锋上前问清楚情况后，就推说自己肚子疼不想吃饭，把自己带来的那盒饭给了这个战士。同行的战友把雷锋拉到一边小声问："你真的是肚子疼不想吃吗？"雷锋笑着说："什么真的假的？兄弟们吃饱了，自己饿点也开心。"

在一次野营拉练中，雷锋所在的连队在郊区一个村里宿营，一整天的急行军下来，大家都疲惫不堪，同志们一到驻地就倒下睡着了。雷锋为了让同志们第二天舒服点，就把全班同志的鞋袜都收过来用火烤干。第二天又开始强行军，这对汽车兵来说，可是一次不小的考验，不到半天时间，很多战士就觉得身体吃不消了。雷锋不但帮大家背包，有战友晕倒了，他还和其他同志轮流背着晕倒的战友继续往前走。

为了提高战友们的凝聚力和战斗力，打造一个高素质的汽车班，雷锋在真诚关怀同志之余，也不断改进着自己的工作方法和思路。

一次，四班为团里运送物资，但路途遥远又险峻，有高山、有陡坡，还有积雪，不少地段还没有公路，最后雷锋带领全班同志冒险闯过了三道难关——一条江汊子、一段冰板坡、一处急转弯，才圆满完成了任务。当时的路况异常险恶，有很多次，生死存亡就在咫尺，幸好在雷锋的指挥下，最后人车都平安无事，大家都长长松了一口气，同时也都对雷锋表示由衷地佩服。

在战备形势日趋紧张的情况下，运输连也开始执行国防施工保障任务。但是工地多在荒山野岭，道路崎岖难行，为确保大家的行车安全，雷锋认真仔细地观察沿途的地形地貌和参照物，眼看心记之后，再一笔一画全部标注在本子上。

跑得比较多的路段，雷锋就要求全班同志将复杂的路况牢记于心，防患于未然。他还经常组织大家分析事故案例，结合实际情况查找隐患，并和大家共同研究制定了“三先、四勤、五不超、六不走、九慢”的安全措施。

翻阅雷锋当年的行车笔记，实在令人感动，他们所走过的每个路段，雷锋都做了极其翔实的记录，还有很多符号标识，这个汽车班长的认真负责程度，由此可见一斑。

雷锋生前的排长薛三元表示，雷锋工作一直主动热情，当了班长后，就更加积极。他所带领的四班，年年被评为“四好”班，他们所在的排也年年被评为“四好”排，而雷锋本人也年年被评为“五好”战士。

薛三元说，不论是雷锋生前的战友们，还是现在雷锋班的同志们，他们不管走到哪里，每个人内心都有一个共同的信念：“我们是雷锋班出来的，我们是雷锋的传人，一定要把雷锋精神发扬光大。”

23

不幸遇难

雷锋的悲惨童年，是旧中国劳动人民深受旧社会多重压迫的一个缩影。长大后的他，成为一名光荣的人民子弟兵，党和人民给予了他温暖和爱。他用朴实的行动回报党和人民，他一心向着党，永远为人民服务，是人民心目中的英雄。

可是，就在1962年8月15日，这个原本普通的一天，我们的好同志雷锋却因公殉职，永远离开了这个世界，年仅二十二岁。

那天，淅淅沥沥下着雨，雷锋和助手乔安山一大早驾驶着13号车从外地回来，下午还要拉器材回工地。一向爱惜车辆的他看到车很脏，就想把车开到营房后的空地上清洗一下。

去营房后面的空地需要经过一段狭窄的过道，为了安全起见，雷锋让小乔开车，他站在车外指挥。雷锋当时站在车的左前方，没想到车子前进的时候左后轮突然打滑，撞倒了一个晒衣服的木杆子，上面有铁丝线。雷锋当时只顾着全神贯注地指挥倒车，没有注意到砸下来的杆子，结果刚好被木杆砸到，当时就倒下了。

乔安山并没有看到雷锋倒下去的那一瞬间，他从车上下来的时候，雷锋已经倒在地上，乔安山一下子吓傻了，反应过来后他急忙跑过去抱起雷锋："班长，班长！你怎么了？快醒醒啊！"

虚弱的雷锋张了张嘴，但是什么也没有说出来。当时连长他们在附近，以最快的速度把雷锋送到医院抢救，还请了沈阳军区的教授，但因为雷锋伤势太重，最后也没能抢救过来。雷锋同志去世了，这位党和人民的好儿子、中国共产党的优秀党员、深受全国人民爱戴的年仅二十二岁的青年战士，就这样永远闭上了眼睛。他再也看不到他的战友、他的群众、他的小学生们了……

雷锋离世的消息传到了他担任辅导员的两所小学，小朋友们十分伤心，他们还等着雷锋叔叔来看他们、给他们讲故事呢！他们亲爱的辅导员，他们由衷热爱与钦佩的解放军叔叔雷锋，就这样离开了他们。

张大娘听到这个噩耗以后，悲痛不已，泣不成声，一夜未眠。在小孙女的帮助下，她为雷锋写下了悼念词。第二天一大早，她又在小孙女的搀扶下，颤颤巍巍、一步一步亲自将悼念词送到部队。

雷锋去世后，隆重的追悼会在抚顺市望花区人民委员会礼堂举行，礼堂的正厅悬挂着“公祭雷锋同志大会”的字样。数以百计的花圈簇拥着雷锋同志的遗像，他的灵柩安放在会场的正中央，四周摆满了鲜花和常青树。雷锋生前部队的领导和战友们站在两旁，为他守灵。

人们从祖国的四面八方赶来悼念雷锋同志，有工人、农民、战士、学生。追悼会结束后，街头还簇拥着成千上万的群众，大家自觉戴上黑纱或白花，怀着沉痛的心情送别这位党和人民的好儿子。最后，近十万人民群众一起护送着雷锋同志的灵柩到葛布烈士公墓……

肆

精神不朽

雷锋的故事

24 向雷锋同志学习

1962年8月15日，雷锋同志永远离开了我们，他把自己短暂而辉煌的一生全部献给了党和人民。

为了纪念和学习这位好战士，部队首先在运输连举办了雷锋事迹展。在雷锋的遗物中，有红领巾、大队长臂章、“节约箱”、随身携带的挎包，还有很多书籍……被他读过无数遍的《毛泽东选集》四卷本，书里到处都是他的圈圈点点。他的日记本里有数百篇记录他成长足迹的日记。这些都成为他留给人们的一笔宝贵的精神财富。

1963年1月7日，国防部授予雷锋生前所在的班为“雷锋班”；1971年，他所担任过辅导员的抚顺建设街小学改名为“雷锋小学”。1963年3月5日，毛泽东亲笔题词“向雷锋同志学习”，此后，每年的3月5日，被定为“学雷锋纪念日”。

在中央领导人的号召下，全国各地由此开启了经久不息的学雷锋热潮，学习雷锋成为新中国精神文明建设史上的一个重大事件。一个雷锋离开了我们，千万个雷锋站了起来。雷锋的家乡望城县和雷锋生前战斗过的抚顺、鞍山等地，都建起了雷锋纪念馆，前来参观学习的人络绎不绝。雷锋纪念馆已经成为对青少年进行爱国主义和革命传统教育的基地。

雷锋生前的战友薛三元一直珍藏着与雷锋的合影老照片，他说，他们每个人都因为曾与雷锋是一个班一个连而感到骄傲。他总是问自己能为雷锋做什么，作为雷锋曾经的班长、排长，他决心要用自己的一生把雷锋精神传承发扬下去。

关于雷锋为什么会成为典范、成为楷模，薛三元是这样说的："在过去那个单纯的年代，其实人人都会去做好事，但雷锋同志却比别人做得更好、做得更多、做得更持久、做得更认真。他是把为人民服务、舍己为人的精神刻到了骨子里，随时随地都在做好事。"

毛主席说过："学雷锋不是学他哪一两件先进事迹，也不只是学他的某一方面的优点，而是要学他的好思想、好作风、好品德；学习他长期一贯做好事，而不做坏事；学习他一切从人民的利益出发，全心全意为人民服务的精神。当然，学雷锋要实事求是，扎扎实实，讲究实效，不要搞形式主义。不但普通干部、群众学雷锋，领导干部要带头学，才能形成好风气。"

雷锋同志的生命之火熄灭了，但他将永远活在我们心中。雷锋精神是雷锋为亿万人民留下的宝贵的精神财富，我们必会将其发扬光大、代代相传。雷锋精神，永不朽!

25

勤俭朴素的节约标兵

雷锋同志勤俭节约是出了名的，他在生活上非常朴素，平时对自己要求非常严格。

雷锋所在的洗煤车间开展节约竞赛活动。他们在车间建立了节约仓库，并设立了节约登记簿，每个人节约和回收的物品，都可以记在登记簿上，最后根据登记的物品数量来评选先进。

其实，雷锋早就开始了节约行动，不少车间青年已经提出了“学习雷锋点滴节约精神”的口号。在这次竞赛中，雷锋捡拾回收的东西最多，也是大家公认成绩最好的一个。

但是，到了月末评比时，登记簿上显示雷锋节约的物品却最少。这时有人问他：“你回收的东西最多，为什么不登记？难道你不愿意当先进吗？”

雷锋笑着回答说：“勤俭是我们党的优良传统，节约是我们每个人应尽的责任，我只是做了自己应该做的，不是为了当先进才这样做的。”按照政策，每个战士都可以领两套单军装、两件衬衣和两双胶鞋。可是，从1960年起，雷锋每年都是只领一套，剩下的说什么也不要了。但是雷锋自己平时穿的衣服，明明都是带补丁的，袜子也是补丁摞补丁。司务长觉得奇怪，就问他：“你到底为什么每次都只领一套军服啊？”

雷锋就说：“你看，我身上穿的旧军装不是挺好的吗？就算是破了，缝缝补补不也还能穿嘛？现在国家集中力量搞建设，能省便省吧。现在随便一套哪怕是打补丁的衣服，都比我小时候穿的破烂要好上几万倍呢！”在他的影响下，许多同志都自觉地少领衣服或将多的衣服捐给国家。

为了发扬艰苦奋斗的精神，雷锋趁休息的时候找来一些木板子，自己钉了一个“节约箱”。他把平时捡回来的一些螺丝钉、螺丝帽、铁丝及其他废旧材料都放在箱子里。战友们刚开始都觉得奇怪，收集这些废旧小东西能干什么啊？但是，时间久了他们就发现了这个箱子的厉害。

比如，汽车上有时会缺个螺丝、坏个零件什么的，雷锋总是先从自己的“节约箱”里找，如果能找到合适的就直接用，实在找不到了，他才会去供应部门领。就连他平时领的新擦车布他都不舍得用，而是用捡来的破布片和烂手套代替，新擦车布经常被他上交或捐出。

连长经常表扬雷锋的这种勤俭节约行为，并在全连推广。在雷锋的带动下，各班都做起了“节约箱”“节约袋”，雷锋被团里评为“节约标兵”。

雷锋有段时间负责运送水泥的工作，在卸装的过程中，水泥的包装袋经常会破损，运送的车常常会洒上一层水泥。而雷锋每次运送完水泥之后，总要用扫帚小心翼翼地把散落在车上的水泥扫起来装在袋子里，积攒多了再送回工地使用。

有时候大热天在外面出车，很多同志就在附近的小卖部里买汽水喝，而雷锋却不舍得买。有一次实在渴得不行，雷锋就准备掏钱买汽水，这时刚好有人送来了白开水，雷锋就赶紧收起钱，去喝白开水了。

很多人问他：“雷锋啊，你这样也太苦自己了！你就自己一个人攒那么多钱干什么啊？”“我一点也没觉得自己苦啊！而且怎么能说我就一个人呢？我们祖国这个大家庭可有好几亿人口呢！”雷锋严肃地说，“积少成多，如果每人每天能节约一分钱，那全国一天可以节约多少钱呢？”

雷锋艰苦朴素、克己奉公，不是为了自己的将来，而是想为国家的发展建设多出一份力。他说：“我们是国家的主人，应该处处为国家着想，事事要精打细算，不能今朝有酒今朝醉，明日愁来明日忧。我们要奋发图强，自力更生，克服当前存在的暂时困难。”

26

为人民慷慨解囊

对自己抠门的雷锋，对党和人民却是从不吝啬，他把自己两年来在工厂、部队积攒下的200元钱，全部捐给了抚顺市望花区和辽阳市的抗洪救灾。

1960年5月，雷锋上街办事，碰到大家正在庆祝抚顺市望花区和平人民公社成立，就从存折上取出自己两年来攒下的200元钱（当时存折上203元），跑到望花区党委办公室，说要把钱捐献出来，为建设祖国作点贡献。

接待他的同志非常感动，却推辞说：“你

的一片心意我们领了，但是这钱我们不能收。这是你几年来的积蓄，还是自己留着或者寄回家里吧。”

雷锋听到这个“家”字，眼眶湿润了，更坚定地说道：“党和人民就是我的家，社会主义集体就是我的家，我这不是把钱送回‘家’里来了吗？请‘家’里一定要收下啊！”

公社的同志实在无法拒绝他的这份情谊，在雷锋的一再请求下，只好收下一半。

8 月，辽阳市遭遇了百年不遇的大洪水，雷锋得到消息后，十分焦急：我现在作为一名解放军战士，作为一名共产党员，我能为灾区人民做点什么呢？他写了一封慰问信，冒着大雨跑到邮局，将信和自己剩余的 100 元钱，全部寄给了辽阳市委。就这样，雷锋省吃俭用省下的 200 元，全部捐了出去。

在平时的工作生活中，雷锋还经常慷慨解囊，拿出自己的钱和物帮助身边的战友、朋友，甚至是一些陌生人。

雷锋常对战友们说："我们都是国家的主人，要处处为国家着想。国家、国家，国也是'家'啊，我们要精打细算过日子，不能浪费国家财产！但是国家有难了，需要我们的时候，我们就要贡献自己的一份力量。"

雷锋曾在日记中写道："人民的困难，就是我的困难。帮助人民克服困难，贡献自己的一点力量，是我应尽的责任。"

27

对待同志像春天般温暖

“对待同志要像春天般的温暖，对待工作要像夏天一样的火热，对待个人主义要像秋风扫落叶一样，对待敌人要像严冬一样残酷无情。”这是雷锋同志的座右铭，明确表明了他的处世态度。

雷锋在鞍钢化工总厂的师父李长义曾经写过一篇文章《我的好徒弟——雷锋》，他在文中写道：雷锋当时还是个孩子，能够在平凡的岗位上，做出这样不平凡的事，实在不一般。

在李长义看来，雷锋对他既尊敬又关心。

在工作中，雷锋是有活就抢着干，在他学会了推土机维修后，就几乎不让师父再动手了。

工友王凤珍、张淑霞在化工总厂洗煤车间负责看发电机，雷锋看到她俩每天抬柴油很费劲，就经常主动去帮忙。她俩休息的时候，基本都是雷锋去帮忙顶班。一天，发电机的内燃机坏了，她俩正着急地要出去找人修，雷锋正好碰到，就去帮忙修。后来，一有时间，雷锋就给她们讲内燃机的知识。

雷锋不仅在工作上帮助工友，在生活上也是一样关心照顾。

每天早上，雷锋都是宿舍里第一个起床的，擦桌子、扫地、倒垃圾，几乎包下了寝室里所有的卫生。工友们的衣裤破了，雷锋就会为他们缝补，还经常帮助同寝室的伙伴们拆洗被褥。每天午饭过后，他都放弃休息，主动到食堂帮忙洗碗筷、扫地，这让很多人都曾误以为他是食堂的服务员。

入党之后，雷锋对自己的要求就更高了。他时时处处以一名共产党员的行事准则要求自己，把别人的困难当作自己的困难，把同志的开心看成自己的幸福。

雷锋把自己的藏书都拿出来供大家学习，还钉了一个小书架，被大家称为“小小的雷锋图书馆”。此外，他还经常帮助其他同志学习文化知识。

乔安山和雷锋是同一年入伍的同志，小乔训练、干活都是好样的，就是学习上有点掉链子，特别是算术，小乔学得迷迷糊糊，对自己越来越没有信心。他常常说自己文化底子太薄，学不了这么复杂的算术。雷锋眼看着小乔想打退堂鼓，就鼓励他说：“没有谁一生下来就底子厚的，你要对自己有信心，只要肯钻肯学，没有什么是学不会的！”雷锋开始想方设法帮助小乔学算术。

有一天，雷锋拿着一张报纸递给乔安山：“你看，这上面有一篇文章，是专门写给你的。”“专门写给我的？啥意思？”小乔好奇地接过报纸。雷锋一段一段地读给他听，原来是毛主席关心战士们学习的一篇文章。

“你看，毛主席多么关心我们的学习啊！你一定要努力啊，相信自己可以的。”小乔大受鼓舞，他站起来准备去买学习用品。这时，雷锋拿出了事先准备好的钢笔和算术本，对小乔说：“早就给你准备好了，就等你下决心了，拿着，赶紧学习去吧！”

在雷锋的帮助下，乔安山进步很快，从一个在学习上完全没有自信的人，变成了一个善于学习的同志。战友们都觉得，哪里有雷锋，哪里就有春天般的温暖！

除了小乔，像这样关心战友的故事，雷锋还有很多呢！一个战友出车回来，发现自己床头扔的一堆脏衣脏袜都被洗得干干净净的，破袜子还被补得好好的，他问遍了周围的人，也不知道是谁干的。

像这样的事情时常发生，但这些好事到底是谁干的，在很长一段时间都一直是一个迷。

一天夜里，紧急集合号突然响起，战士们都匆忙穿衣出去演习。等演习回来，战友们倒在床上就睡着了。雷锋半夜查完哨回到宿舍，一眼就看到韩玉臣棉裤上有几个窟窿。他心想：这么大的窟窿，连棉花都露出来了。

这冷风一吹，不得冻坏身子吗？雷锋把韩玉臣的棉裤拿过来，悄悄撕下自己的军帽里子，借着朦胧的灯光一针一线地为他缝补起来。

这时，一个值班的战士看见了：“班长，原来是你啊……”“嘘……”雷锋示意小战士不要作声。

第二天，韩玉臣出操回来，吃惊地喊起来：“你们说，这真是奇了怪了，我棉裤上几个大洞全被缝得好好的，这又是哪位好心人啊，是不是真的有田螺姑娘啊？”

这时，值班的战士告诉他：“这是昨天半夜里班长给你补的！他扯下自己的帽子里子给你补的窟窿，我亲眼看见的，班长还不让我声张。”战友们都十分感动，他们急忙出去找雷锋，想好好谢谢班长，却发现雷锋正在炊事班帮忙挑水！

还有一次，战友周述明在接到老家的来信之后，脸上突然没有了笑容，平时开朗爱笑的他，好几天都郁郁寡欢。心细的雷锋看出了他有心事，就悄悄问周述明：“你是不是有什么困难？”周述明怕班长费心，就不肯说。雷锋假装生气，说周述明不信任他，不把他当兄弟。周述明无奈，只好说出了实情，原来是他父亲病了，希望儿子能回去看看，而且抓药治病还需要一些钱。

雷锋知道周述明是个要强的战士，不愿意麻烦别人。现在父亲病了，他怕耽误工作也不想请假，更不想让部队接济。于是雷锋暗自记下了小周老家的地址，趁着去沈阳办事的时候，到邮局以周述明的名义写了一封信回去，还随信寄去了 10 元钱。

没过多久，周述明收到家里一封信："儿子，你寄来的钱收到了，给你父亲看了病，现在已经好多了，你不用担心了，你安心工作吧，不用惦记家里了……"小周纳闷了，他没有寄钱回去啊？不过，他很快想到，他跟班长说过这件事。一定是班长，他最爱做好事还不留名，小周心里非常感动，真不知道该怎么感激他。

雷锋就是这样一位关心爱护战友的好党员！他不骄不躁，时刻铭记着为党和人民服务的初心，并不断用实际行动去回报党和人民。

28

人民的勤务员

雷锋助人为乐的精神一直是人们津津乐道的，他就像一股春风一样，温暖着他人的心扉。

1960年初夏的一个星期天，连里好不容易放假半天，几个战友约雷锋去公园游玩，他因为想看书学习就没有去。后来雷锋突然肚子疼得厉害，就来到团部卫生连开了点药。路上经过一个建筑工地，他发现那边正在热火朝天地施工，原来是要给本溪路小学盖大楼，工地运送红砖人力不足，广播员正在给运砖工人加油打气。见此情景，雷锋就推起一辆手推车，加入了运砖的行列中。大家发现工地上多了一位解放军，就干得更起劲了。

直到中午休息的时候，雷锋被一群工人围住了，大家都在问他姓名和所在部队，可他说什么也不肯透露，只是说："我们都是为社会主义建设添砖加瓦，我和大家一样，只要尽了自己的义务就行，有一份光就发一份光吧！"说完，雷锋穿上衣服就离开了。后来工人同志找来工地的书记才问出来这位做好事不留名的好人到底是谁。傍晚，工人们敲锣打鼓地把感谢信送到连队，战友们才知道雷锋带病为人民又做了一件好事，过了一个特殊的星期天。

雷锋经常去外地作报告，他出差的机会多了，为人民服务的机会就更多了。人民群众之间流传着这样一句话："雷锋出差一千里，好事做了一火车。"

一天，雨一直下着，为了赶早车去沈阳，雷锋早晨5点多起床，带了几个馒头披上雨衣就出发。他在半路看见一位大嫂背着一个小女孩，手里还拉着一个小女孩，艰难地向车站方朝走着。雷锋脱下身上的雨衣披在大嫂身上，又背起小女孩陪她们一起来到车站。上车后，雷锋见小女孩冷得发抖，又把自己的衣服脱下来给她穿上。想着她们早上也没吃饭，雷锋就把自己带的馒头给她们吃。到了沈阳，雨还没有停，雷锋又把她们送到家里，那位大嫂感激得不知道说什么好。

过年的时候，战友们难得清闲，雷锋和大家一起打起乒乓球。打了一会儿球，雷锋忽然想起每逢过年，运输部门都是最忙的时候，他们现在应该很需要人手。于是他就放下球拍，叫上几个同志，一起请假来到附近的瓢儿屯车站，帮忙打扫候车室、给旅客倒水、帮助旅客上下车等，忙得不亦乐乎。车站的工作人员感动地说："你们平时已经够忙的了，好不容易过年放假了还来给我们帮忙，真是辛苦啊，太感谢了！"

助人为乐，雷锋十几年如一日地坚持着，他是真正做到了"将自己有限的生命，投入到了无限的为人民服务之中"。

29

挤时间和钻学问

对待工作，雷锋一丝不苟，认真钻研；对待学习，他也同样看得很重，每天都会挤出点滴时间如饥似渴地学习。

雷锋平时工作比较忙，整天驾驶着汽车东奔西跑，很难抽出固定的时间学习，他就把书装在挎包里，随身携带，只要稍有空闲，就会挤点时间看一会儿书。晚上，经常熄灯号响了，他还舍不得放下手里的书。为了不影响别人休息，雷锋就离开宿舍出去找别的地方看书。夜里，办公室、车场、工具棚、厨房等场所，都经常可以看到雷锋学习的身影。

一天深夜，高指导员从营部开会回来，见雷锋还坐在连部办公室埋头苦读，就说：“雷锋啊，学习好，也要休息好，这都快半夜了，还不去睡觉啊？”

雷锋马上站起来说：“我想把这篇文章读完再睡。”

高指导员看看表，已经十一点多了，就说：“今大太晚了，明天还要出车，去睡吧。”

“好。”雷锋心想指导员忙了一天，不能打扰他休息，便拎起挎包走了出去。

高指导员就进屋睡了，但他一觉醒来，发现办公室的灯还亮着，原来是雷锋又坐在原来的位置上埋头看书。

他披上衣服悄悄走到雷锋身后，见他正在仔细阅读《矛盾论》单行本，边看边写下自己的心得。雷锋发现高指导员在身后，连忙站起来说：“指导员，我吵醒你了吗？”“没有。”高指导员让他坐下继续写，同时拿起他读过的《毛泽东选集》第三卷翻看着，几乎每一篇每一页雷锋都画了学习重点。

雷锋把这种抓紧点滴时间学习的状态概括成“钉子”精神，他说：“一块好好的木板，上面一个眼也没有，但钉子为什么能钉进去呢？就是靠压力硬挤进去的，硬钻进去的啊。由此看来，钉子有两个长处：一个是挤劲，一个是钻劲。我们在学习上，也要提倡这种‘钉子’精神。有些人说工作忙，没时间学习，我认为问题不在工作忙，而在于你愿不愿意学习，会不会挤时间。只要想学习，时间总会有的，问题是我们善不善于挤、愿不愿意钻。”

有一天，雷锋在连队附近看露天电影，电影开场之前，雷锋拿着一本书，聚精会神地读着。一个小学生跑过来问他：“雷锋叔叔，你在看什么书呀？这么厚！”

雷锋回头一看，原来是建设街小学的小贾同学：“原来是你啊，我在看《毛泽东选集》啊，读毛主席的书真是大有收获，回头你也看看吧。”

“雷锋叔叔，电影马上就开始了，这一点点时间你还看书啊，能看几页啊？”

“看一点是一点，就这一会儿我已经看了十来页了，积少成多，我们要抓紧时间才能学习更多的知识。”雷锋语重心长地对他说，“你们现在能够在学校里学习，还有老师给你们上课，但过去穷苦的人们都没有机会上学的，我上小学那会儿条件也是非常艰苦的，每天要爬十几里的山路。所以你们一定要把握现在的好时机，好好学习哦！”

雷锋留下了大量文字作品。在工作岗位变换频繁、工作任务繁重的情况下，雷锋能够创作出如此多的文字作品，相信没有“挤”和“钻”的“钉子”精神是办不到的。他凭着这股精神，让自己的知识范围越来越广，思想上越来越进步，行动上也越来越积极。

30

及时自省

在鞍钢驾驶推土机的时候，雷锋就经常受到领导和同志们的表扬，而他却始终非常谦虚。那天，又一次表扬会结束了，雷锋对他师父说：“师父，你们怎么老是表扬我，就不怕我骄傲吗？我看还是多给我提提缺点吧！”

师父笑着说：“别人想得到表扬还来不及呢，你为啥老让人给你提缺点啊？”

雷锋说：“师父，你看，煤里要是掺了土就会影响炼焦的质量，我们就得设法把它挑出来吧？那人也有缺点，我们是不是也得设法把它挑出来啊，不然也会影响人的进步啊？”

“啃，小雷啊，你能说出这样的话，师父真的很欣慰啊！要是人人都能像你这样严格要求自己，咱们社会主义建设的步伐就会快很多啊！”

入伍后，雷锋更是恪尽职守。他曾多次立功受奖，被选为市人大代表，出席过沈阳军区首届共青团代表会议。他的照片、日记和事迹等通过广泛宣传后，雷锋精神的种子开始生发远播，赞扬他的来信源源不断地从全国各地涌来。但他始终保持谦虚谨慎的态度，一直认为自己做得还不够好，应该继续努力。

虽然雷锋品行优良，但就像他自己说的，是人总会有缺点，也会有犯错误的时候。好在，他能够及时反思自己，及时给自己的思想“除草”。

在雷锋刚去鞍钢做推土机手的时候，在驾驶的过程中也遇到过麻烦。

那年冬天，一场大雪覆盖了整个煤场，天气异常寒冷，推土工作就变得异常艰难。休息时，雷锋心疼师父，就让师父去屋里取暖，自己却又驾驶推土机干了起来，没想到一不小心，轮子猛一打滑把旁边的火车铁轨给撞弯了。师父听到动静赶紧跑出来，看到被撞弯的铁轨很心疼，就忍不住批评了雷锋几句，雷锋也很内疚。

师父消气之后，觉得自己对雷锋太严厉了。雷锋工作一向很仔细，这次只是一个偶然事故，谁也做不到完全不出意外。第二天一上班，师父就找雷锋谈了话："小雷啊，我昨天对你太严厉了，谁都难免会犯点错误的，你千万别太放在心上啊，以后多注意点就行了。"

雷锋却说："师父，你批评得对！是我的技术还不够好，以后我一定更加严格要求自己，更加努力练习，决不让这样的错误再发生了。"

从那以后，雷锋在工作中就更加认真、更加稳重了。

入伍前，雷锋喜欢斜戴着帽子，并露出额前的刘海，但是入伍后，这刘海就不符合规定了。有一回，他刚进营门，就被负责行政管理的副团长批评了，副团长看到他的帽子和刘海，指出他这样有碍军容，命令他立即戴正帽子，剪短头发，前面的头发不能露出来。雷锋就立马接受批评，严格照办，毫不含糊。

有个星期天，雷锋以为放假可以随便外出，就跟谁也没有打招呼，跑到街上去照相。指导员知道后，找到雷锋问：“你今天出去请假了吗？”

“没有。”雷锋低下头，不好意思地回答。

“这样不好，部队有严格的组织纪律，不论做什么都要请示报告，星期天外出也要说一声。军队如果不讲纪律，就会成为一片散沙，那怎么能团结一致战胜敌人呢？当了军人，就要有纪律意识……”指导员说着，雷锋竟然忍不住哭了。

指导员又安慰他说：“犯了错误今后改正就行了，哭什么呢？”

雷锋在心里暗暗告诉自己：今后一定要做一个有组织有纪律的好战士。

雷锋在日记里写道：“螺丝钉要经常保养和清洗，才不会生锈。人的思想也是这样，要经常检查，才不会出毛病。我要不断地加强学习，提高自己的思想觉悟，坚决听党和毛主席的话，经常开展批评与自我批评，随时清除思想上的毛病，在伟大的革命事业中做一个永不生锈的螺丝钉。”

雷锋始终牢记毛主席“谦虚使人进步，骄傲使人落后”的教导，始终保持谦虚谨慎的工作和生活作风。谦虚谨慎的精神，如同滚滚向前的车轮，推动着雷锋在人生的康庄大道上阔步前行，一步步成为时代楷模。

31

沃土上的火热传承

自1963年毛泽东亲笔写下“向雷锋同志学习”的题词后，全国各地由此开启了学雷锋热潮，一年又一年，经久不衰，深深影响了几代人。

2022年是雷锋同志牺牲60周年，全国各地又开始了新一轮的追忆雷锋生前故事、向雷锋同志学习等纪念活动。在60年后的今天，雷锋精神的光芒不但没有丝毫暗淡，反而愈加熠熠生辉。

“学习雷锋好榜样，忠于革命忠于党，爱憎分明不忘本，立场坚定斗志强……”这首《学习雷锋好榜样》是我们人人都会唱的歌。雷锋，更是我们家喻户晓的学习榜样。这再熟悉不过的旋律时时萦绕在我们一代代人的耳畔，百听不厌，每次听好像都会有一些不同的感受。因为在不同的年纪，在人生的不同阶段，对雷锋精神的理解都会有所不同。但是那种助人为乐、爱岗敬业、无私奉献、开拓进取的奋斗精神，是永不会褪色的。我们需要继续弘扬这种伟大的精神，继续推动我国社会主义精神文明的不断发展。

德国哲学家康德曾说过："世界上唯有两样东西让我们深深感动，一是我们头顶灿烂的星空，一是我们内心崇高的道德。"

雷锋，早已成为好人好事的代名词，成为高尚道德品质的同义词。在雷锋精神的感召下，60 年来，在华夏大地上，不断涌现出一批又一批像雷锋那样无私奉献的英雄人物、时代楷模。他们全心全意为人民服务，在自己平凡的工作岗位上不断实现个人理想价值，他们的行为也同时激励着一代又一代学雷锋的后继者，共同筑起了一座不朽的精神丰碑。

解放军战士王杰，在进行实爆训练时，炸药包的导火索意外被点燃，在这千钧一发之际，王杰奋不顾身扑向炸点，用自己的血肉之躯，保护了在场的12名民兵和人民武装干部的生命，用生命谱写了一曲舍己为人的英雄赞歌。“吃苦在别人前头，享受在别人后头。”“在荣誉上不伸手，在待遇上不伸手，在物质上不伸手。”王杰二十二岁时曾在日记中写下这样的格言，他的奉献精神，始终值得所有人敬佩与学习。

“人民的好儿子”刘英俊，为防止狂奔的惊马伤到小学生，他不顾个人安危，毫不犹豫地冲上前去，死死拽住了惊马的缰绳，用尽全身力气踢倒惊马，结果自己被压在翻倒的车底。6名儿童得救了，而刘英俊却因伤势太重永远闭上了眼睛，年仅二十一岁。

21世纪以来，雷锋精神不但没有被遗忘，而且还得到了更多人的传诵与弘扬。

被誉为“当代雷锋”的郭明义，是学雷锋道德模范的代表之一。他于2009年发起的“郭明义爱心团队”，目前在全国各地已有1400多支分队240多万名成员，他们共帮扶了6800多户国家精准扶贫的贫困户，援助金额3000余万元，成为新时代学雷锋活动的典型团队。

像他们这样的新时代“雷锋”还有很多很多。

爱岗敬业、助人为乐、无私奉献等精神，在任何时代都是必不可少的，雷锋精神值得我们学习。雷锋同志永远活在全国人民心中，在中国这片沃土上，雷锋精神必将薪火相传。